映画編集の教科書

TEXTBOOK OF FILM EDITING

プロが教えるポストプロダクション

構成 Configuration　演出 Direction　効果 Effect　音 Sound

衣笠竜屯 監修

メイツ出版

あなたの映画は編集室で作られる

映画の撮影はできたけど、編集をどうしてよいか分からない

編集をしたいけど、何から手をつけたらよいのか分からない

文化祭や SNS 動画をアップするために、編集をしたい！

編集を、仕事として依頼されるようになりたい！

簡単な編集はできるけど、映画の編集となると…

表現したいビジョンがあるのに、編集のコツが分からない

映画編集は難しそうで、とても自分にはできない…

深刻にならなくても大丈夫。編集と仕上げのポストプロダクションのコツをつかんで、自由自在にあなたの世界を表現しよう！ 難しいと思っている表現も、実は簡単なんだ！この本一冊で道具選びから完成まで、コツさえつかめば思い描いた映画を作りあげてみんなに届けることができる。分かりやすいのに深くて、10 年は役に立つ！

はじめに

これまで30年、映画を作りたいと思った方々のお手伝いをしてきました。その中で、映画作りで編集がいかに重要であるかを実感してきました。実は、簡単な技術や手法で、同じ素材が見違えるように輝き始めるのです。

「編集次第で映画は傑作になる」

映画を楽しむだけではなく、編集の力に気づくことで、より深い映画体験ができます。この本を手にしたあなたは、作り手としての扉を開き始めているのかもしれません。また、映画編集の探求に挑戦しようと思い始めているのかもしれません。編集は、映画作りで最も重要な魔法です。観客の無意識に働きかけ、心を動かす技術です。

そのためには、シーンの長さや順序、カットのタイミング、音声や音楽の使い方などの要素だけでなく、構成や人間のコミュニケーション、どのように世界を理解しているかなども考慮する必要があります。映画以外でも、例えば社内ビデオや結婚式、ホームムービーなど、さまざまな動画は基本的に物語の構造で成り立っています。物語は、人間がこの世界を理解する方法なのです。

本書では、映画編集についての基本的な知識や理論から、具体的な技術や手法までを広く紹介し、編集の役割や重要性について深く理解することができます。また、映画編集に必要なソフトウェアやツールについても紹介し、編集作業に必要なスキルを身につけることができます。

この本が、映画の編集に興味を持つ方々や、映画制作に携わる方々のお役に立てることを願っています。映画の魅力を深く理解し、より良い映画制作を目指すための一助となれば幸いです。

衣笠 竜屯

さあ編集であなたの世界を生み出そう!

CONTENTS

CONTENTS

この本の使い方

この本は、**ポストプロダクション**と言われる映画の仕上げの工程を、物語の起承転結に合わせて **CHAPTER I～IV**という４章立てで解説している。必要な道具から編集テクニック、グレーディングやタイトル、音の仕上げから納品までのすべてを凝縮した。さらに、予告編制作のコツ、編集の参考になる映画、現役で活躍するクリエイターの体験談コラムを紹介している。

映画編集の**コツ01～48**を、**TAKE** で表し、見開きで解説

このTAKEの**ポイント**を、分かりやすく解説

インデックスで、**章**を表示

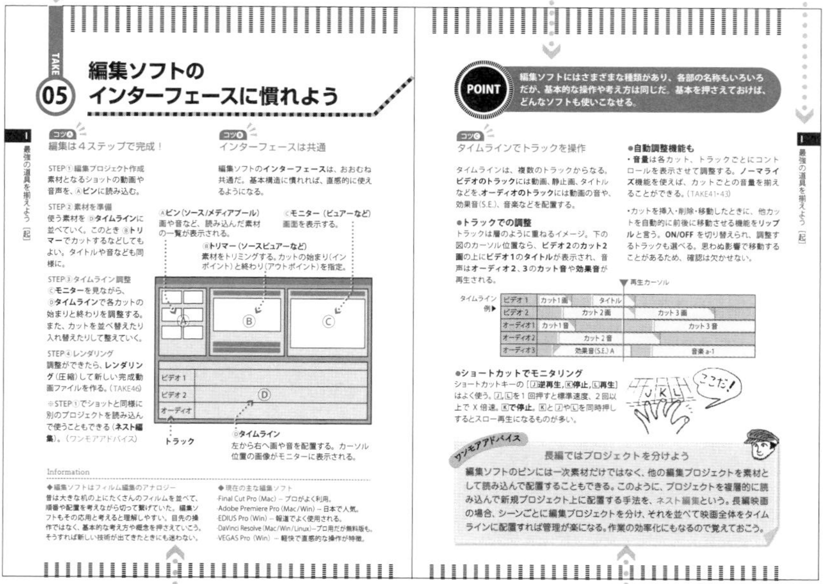
TAKE 05 編集ソフトのインターフェースに慣れよう

I 最強の道具を揃えよう［起］

コツⒶ 編集は４ステップで完成！

STEP① 編集プロジェクト作成
素材となるショットの動画や音声を、Ⓐ**ビン**に読み込む。

STEP② 素材を準備
使う素材を Ⓓ**タイムライン**に並べていく。このとき Ⓑ**トリマー**でカットするなどしてもよい。タイトルや音なども同様に。

STEP③ タイムライン調整
Ⓒ**モニター**を見ながら、Ⓓ**タイムライン**で各カットの始まりと終わりを調整する。また、カットを並べ替えたり入れ替えたりして整えていく。

STEP④ レンダリング
調整ができたら、**レンダリング**（圧縮）して新しい完成動画ファイルを作る。（TAKE46）

※STEP①でショットと同様に別のプロジェクトを読み込んで使うこともできる（**ネスト編集**）。（ワンモアアドバイス）

コツⒷ インターフェースは共通

編集ソフトの**インターフェース**は、おおむね共通だ。基本構造に慣れれば、直感的に使えるようになる。

Ⓐ**ビン（ソース/メディアプール）** 画や音など、読み込んだ素材の一覧が表示される。

Ⓑ**トリマー（ソースビュアーなど）** 素材をトリミングする。カットの始まり（インポイント）と終わり（アウトポイント）を指定。

Ⓒ**モニター（ビュアーなど）** 画面を表示する。

ビデオ 1 / ビデオ 2 / オーディオ

トラック

Ⓓ**タイムライン** 左から右へ画や音を配置する。カーソル位置の画像がモニターに表示される。

Information

◆編集ソフトはフィルム編集のアナロジー
昔は大きな机の上にたくさんのフィルムを並べて、順番や配置を考えながら切って繋げていた。編集ソフトもその応用と考えると理解しやすい。目先の操作ではなく、基本的な考え方や概念を押さえていこう。そうすれば新しい技術が出てきたときにも迷わない。

◆現在の主な編集ソフト
·Final Cut Pro（Mac）－ プロがよく利用。
·Adobe Premiere Pro（Mac/Win）－ 日本で人気。
·EDIUS Pro（Win）－ 報道でよく使用される。
·DaVinci Resolve（Mac/Win/Linux）－プロ用だが無料版も。
·VEGAS Pro（Win）－ 軽快で直感的な操作が特徴。

POINT 編集ソフトにはさまざまな種類があり、各部の名称もいろいろだが、基本的な操作や考え方は同じだ。基本を押さえておけば、どんなソフトも使いこなせる。

コツⒸ タイムラインでトラックを操作

タイムラインは、複数のトラックからなる。**ビデオのトラック**には動画、静止画、タイトルなどを、**オーディオのトラック**には動画の音や、効果音(S.E.)、音楽などを配置する。

●**トラックでの調整**
トラックは層のように重ねるイメージ。下の図のカーソル位置なら、**ビデオ２のカット２**画の上に**ビデオ１のタイトル**が表示され、音声は**オーディオ２、３のカット音**や**効果音**が再生される。

▼再生カーソル

タイムライン例▶

ビデオ 1	カット1画	タイトル
ビデオ 2	カット２画	カット３画
オーディオ1	カット1音	カット３音
オーディオ2	カット２音	
オーディオ3	効果音(S.E.) A	音楽 a-1

●**ショートカットでモニタリング**
ショートカットキーの［Ｊ**逆再生**，Ｋ**停止**，Ｌ**再生**］はよく使う。Ｊ，Ｌを１回押すと標準速度、２回以上で X 倍速。Ｋ**で停止**。ＫとＪやＬを同時押しするとスロー再生になるものが多い。

ここだ！

●**自動調整機能も**
・**音量**は各カット、トラックごとにコントロールを表示させて調整する。**ノーマライズ**機能を使えば、カットごとの音量を揃えることができる。（TAKE41・43）

・カットを挿入・削除・移動したときに、他カットを自動的に前後に移動させる機能を**リップル**と言う。**ON/OFF** を切り替えられ、調整するトラックも選べる。思わぬ影響で移動することがあるため、確認は欠かせない。

ワンモアアドバイス 長編ではプロジェクトを分けよう
編集ソフトのビンには一次素材だけではなく、他の編集プロジェクトを素材として読み込んで配置することもできる。このように、プロジェクトを複層的に読み込んで新規プロジェクト上に配置する手法を、ネスト編集という。長編映画の場合、シーンごとに編集プロジェクトを分け、それを並べて映画全体をタイムラインに配置すれば管理が楽になる。作業の効率化にもなるので覚えておこう。

より詳しい補足情報が必要なページに、**インフォメーション**を掲載

知っておいて得をする、**ワンモア的アドバイス**

各見開き**TAKE**ごとにひとつのテーマを取り上げ、編集の**極意**をイラストや図で分かりやすく解説。映画編集に必要な全部で**48 のコツ**をマスター。自分に合わせて、必要な**章**や苦手な**TAKE**、どこからでも始めることができる。

CHAPTER 1

最強の道具を揃えよう

映画編集に必要なデジタルの道具の役割と使用法、そして、編集ソフトの操作や動画ファイルの基本を知ろう。さらにスマホや編集ソフトを使って手軽に編集に挑戦し、実践しながら本書を読み進めよう。

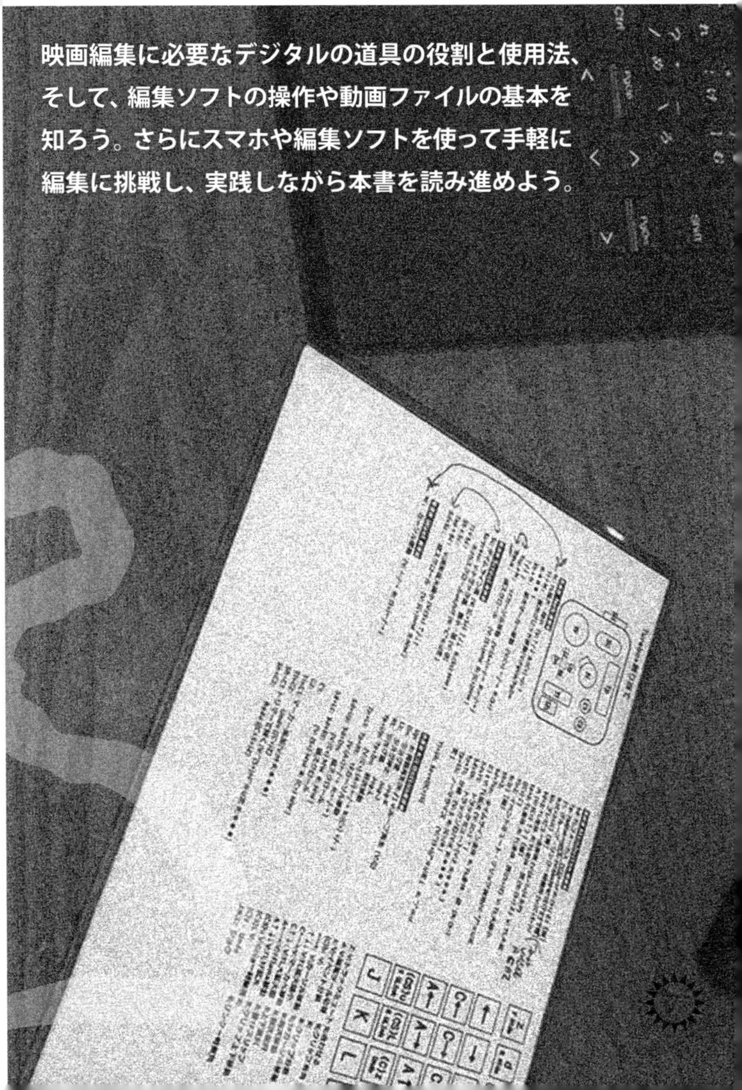

TAKE 01 コンピューター時代でも編集の基本はパラパラ漫画

コツⒶ

ワークステーションからスマホまで

映画の編集はコンピュータで行う。個人向けの**パソコン**や**ワークステーション**と呼ばれる業務用PC、あるいはそれらが揃った編集室を利用することもある。

●映画編集はスマホでもできる

編集テクニックをとりあえず試してみるには、お手持ちの**タブレット**や**スマートフォン**に入っている動画編集アプリでも十分だ。編集は、体感することが大切。できるだけ自分なりの編集を数多く経験してほしい。

Information

◆フィルムもデジタルも基本はパラパラ漫画

映画フィルムは、写真（静止画）をパラパラと連続表示させることで動いているように見せていた。現代の**デジタル動画**も、同じ原理に基づいている。だから編集ソフトの操作方法も、フィルム時代の編集機材の使い方を基に設計されている。**アナログ機材の機能を、コンピュータで再現**したものだ。

◆編集技法も温故知新

映画を作るために使われる編集の技法は、古くから職人や芸術家が編み出してきたものだ。機械で人工的に作っているのではなく、先人が作り出した感動を生む技術と創意が詰まっている。どの時代でも映画の編集は、**古い技法に新しいアイデアを融合させる芸術的なプロセス**だ。

POINT 現代では映画の編集作業のほとんどを、コンピュータ上でデジタルデータを操作することで行う。だがその基礎にある技術には、映画誕生からの100年間で培われた技法が使われている。

コツB

連続する静止画を切ってつなぐのが編集

動画は、始まりから終わりまで、途切れなく続く一連の**静止画**の集まりだ。この静止画の並びの途中を切ったり並べ替えたり、あるいは複数の動画を合成したり。その工夫が**編集**だ。

● 2つの動画を編集しよう

STEP①インポート

▶ **A**と**B**それぞれの動画を、編集ソフトに取り込む。

STEP②編集箇所の指定

▶ 動画のどこからどこを取り出し、どのように並べ替えるかを指定する。編集作業の多くは、ここに時間を取られる。

STEP③レンダリング

▶ あなたが指示した通りに動画を計算し直し、別の1本の**動画データ**にする。**A**と**B**それぞれの動画を分解して組み合わせる作業を繰り返すので、**コンピュータの能力**を必要とする作業だ。

STEP④完成

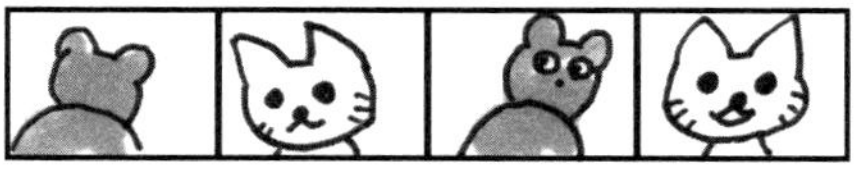

▶ ようやく1本の動画データになった。観るときはこの**データを再生**する。

ワンモアアドバイス

準備と道具集めに溺れるな

映画編集のコツをひとことで表すなら、「まずは手を動かそう」だ。構想や機材集めに没頭しても上達しない。編集は身体で覚える部分が多く、繰り返し練習することで技術が向上する。この本を読みながら、手元にある機材で手近な素材を使って試してほしい。編集はストーリーテリング、カット割り、音の扱いなど、さまざまな基本的技術からなる。以降詳しく解説していくが、重要なのは実際に手を動かし取り組むことだ。

TAKE 02

コンピュータを知って自分に合った環境を整えよう

コツA

コンピュータを用途で選ぶ

編集に利用する**コンピュータ（PC）**は、高画質な**4K動画**（DVD解像度の約16倍）を扱うことを考慮して選ぼう。

・**デスクトップ型**

ディスプレイと本体が分離したタイプ。ある程度なら、時代に合わせて部品を交換して高性能化させることができる。

メリット：拡張性が高い。デイスプレイなどが交換しやすく、修理も容易。

デメリット：大きく、持ち出せない。

・**ノート型**

会議などに持ち出して使えるので便利。同じ価格のデスクトップと比較すると、処理速度が遅い場合が多い。

メリット：持ち運べる。

デメリット：拡張性が乏しく、時代遅れになりやすい。

・**タブレット、スマートフォン**

思い立ったときに使える気軽さがあるが、本格的な編集には向かない。補助的なデバイスの位置づけ。

メリット：いつも持ち運べる。

デメリット：本格的な編集アプリが少ない。遅くて、高画質や長い編集は難しい。

コツB

OSの違いを知っておこう

・**ウインドウズ**（Windows）：マイクロソフト社

ビジネス用で一般的。映像編集でも、多くの編集ソフトや周辺機器を使用できる。しかし種類が多すぎて相性が合わず、組み合わせると動かないトラブルが起こることもある。

・**アイオーエス**（iOS）：アップル社

Macや iPhoneに使われている。OSとハードが一体化しているので、相性問題は起こりにくい。有名編集ソフトはあるが、ソフトや周辺機器の種類は少ない。また高価になりがち。

・**リナックス**（Linux）：非営利組織で開発

誰でも自由に入手できる。Linux などのUNIX系OSは、黎明期からハリウッドなどの大規模な編集システムで使われてきた。堅牢ですべてをカスタマイズできるが、専門知識が必要。

Information

◆コンピュータは壊れる前提で

機械は必ず壊れる。ある期間の中で正常に動いている時間の割合を**稼働率**という。稼働率100％はあり得ない、稼働しない時間があると考えておく。もしも明日までの締め切りで故障したら…。重要な編集の場合はデータのバックアップだけでなく、**ハードウェアのバックアップ**も考えておくことが重要だ。

◆２つの編集システムを用意すると安心

代替機を準備するには、デスクトップとノートの２台を用意しておいたり、新しいPCを入手したときには古いPCを稼働できる状態で保存しておいたりしておく。これで１台が故障しても、すぐに別のPCに切り替えて編集作業を続けることができる。余裕ができたらぜひ実践してほしい。

POINT 自分に合ったコンピュータを見つける。どんな場所で編集することが多いか、身近な相談相手はいるかなどで選びたい。仕組みを知って、必要な機能を備えた道具を見つけよう。

コツⓒ
性能に関係するパーツはこれだ

PCは、自分で部品を選ぶことも可能だ。購入時に判断できるよう、意味を知っておこう。

・**CPU**（i5,i7,Raizen等）**：**計算（演算）を行う中心部分。コア数、動作周波数が大きいほど速い。

・**メモリ：**演算するデータを一時的に置いておく場所。小さいと、サイズの大きな動画の扱いや複雑な編集が難しくなる。

・**GPU**（グラフィックボード）**：**画像の演算を専門に行う部分。CPUの負担を減らす。搭載されていると、レンダリングや動画再生がスムーズになる。性能次第で高額になる。

・**内蔵ドライブ**（SSD, HDD等）**：**データを保存しておく場所。大きいほど、多くの動画を保存できる。一般に**SSD**のほうが**HDD**より転送が早く、ストレスがない。

・**外付けドライブ**（SSD, HDD 等）**：**PCの外にUSB 等で接続し、データを保存する。数を増やしたり、別のPCにつなぎ替えたりできる。速度は内蔵型より遅い場合が多い。長期保存や持ち運びに便利。

コツⓓ
バックアップ環境を整えよう（TAKE28）

映画編集では、**バックアップ**が非常に重要だ。編集作業中や完成後に何か問題が起こった場合、バックアップがあればデータを復元することができ、予算やみんなの努力が無駄になることがない。

●簡単なバックアップ

バックアップを取る方法は簡単。作業するファイルを、定期的に別の場所にコピーするだけ。それを自動化するソフトや、バックアップ機能付の編集ソフトがあったりする。

●別の場所に準備しよう

編集しているデータと同じ場所（ドライブ）にバックアップするだけでは、そのドライブが壊れた場合に対応できない。**外付けドライブ**や、落雷などの災害を考えて**別の場所**にもバックアップを置いておくとよい。完成後の作品などある程度小さいデータなら、インターネット上の**クラウドサーバー**も利用できる。

ワンモアアドバイス

コンピュータが遅いときはボトルネック（瓶の首）を探そう

コンピュータは、データをドライブやメモリ、CPUやGPUで処理している。どこかに遅い部分があると、全体のスピードが遅くなってしまう。この原因部分をボトルネック（瓶の首）と呼ぶ。これを探して改善することで、動作を速くすることができる。ボトルネックを探すには、タスクマネージャーやアクティビティモニターなどのソフトで各部の動作をモニターするとよい。動作の遅い部品があれば交換したり、メモリを増やすなど、的確な対処を取れる。

TAKE 03

編集と再生は環境が異なる本番を意識して機材を選ぼう

コツA

上映環境の違いを知っておこう

編集機材を選ぶ際、観客が観るものに近い形で編集できる機材を選ぶことが重要だ。映画は、**再生環境次第で色や音が違う**。編集時に見えていたものが上映時に暗すぎて見えず、ストーリーが分からなくなるようなことは避けたい。再生環境の特徴を押さえておこう。

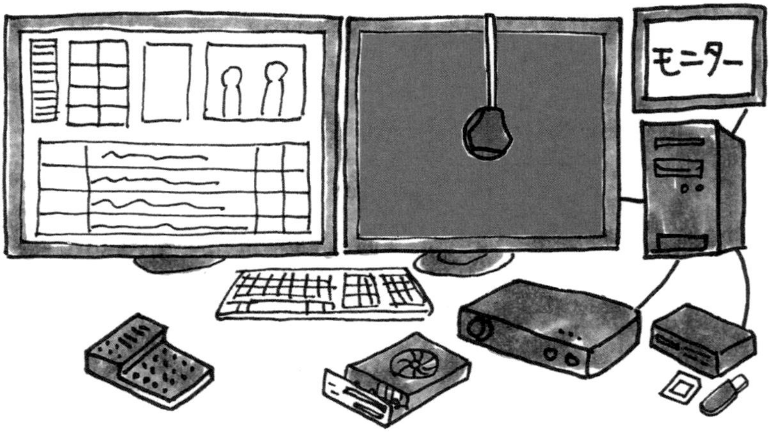

・観客：**映画館での視聴**
大画面。ただし画面サイズを変えるためのカーテンなどで、周辺が数%隠されて見えない（これを「切られる」とも言う）ことがある。色調は豊かで、音は大きく聴こえやすい。観客は暗く静かな中で集中して観る。映画館ごとに違う点もある。

・観客：**TVやタブレット・スマホでの視聴**
大小さまざまな画面サイズ。液晶画面でも、ほんのわずか周辺が映らない機材もある。ズームモードなど画面いっぱいにする機能を使うと、上下や左右が切られる。音もスマホや安価なPCスピーカーなど、再現性が悪いものがある。さらに生活環境の中で視聴しているので、大音量では再生されない。

・制作者：**編集室での視聴**
少し大きい画面。部屋自体の明るさも、映像の印象が変わらないように一定の明るさに調整されている。壁の色も薄暗くしていることが多い。規格に合わせて色や明るさが調整されているディスプレイやプロジェクターを備えている。コンピュータ上の編集ソフトで、動画の画面全部が見られる環境。重要な情報や文字が切られることを考えて、周囲から内側に10%や数%のところにガイド線を出せるものもある（TAKE38）。音についても、モニター用のスピーカーやヘッドホンが用意され、ノイズや音質が分かりやすい。

POINT 観客が視聴するときの観え方や聴こえ方は、あなたの編集時とは違っている。観客の視聴時と近い環境を再現できる機器を選び、仕上がりをチェックするようにしよう。

コツⒷ

自宅で確認するときの留意点

複雑な編集作業ほど、**ディスプレイの面積**が必要になる。解像度が高く、かつ大きなものが望ましい。複数のディスプレイを接続して、**マルチディスプレイ環境**にすると作業しやすい。ノートPCでも**4Kのモバイルモニター**を接続すると、外出先で複雑な編集ができる。確認用として、撮影用モニターや大画面のTVやプロジェクターなどをつないでおくと、映像をチェックしやすい。

●ディスプレイの調整

・ディスプレイは、割高にはなるが、色管理ができる**カラーマネジメント機能**のある機種が望ましい。

・編集前に**キャリブレーション（調整）**して、正確な色と明るさにしておきたい。目視確認しながら手動で調整できるサイトもある。プローブと呼ばれる、色や明るさを測定して調整できる機器も手頃な価格である。

・編集する部屋は、一定の明るさで派手な色がないのが望ましい。人間の目は、周囲の影響を受けやすいものだ。

●音声モニターは正確性重視

・スピーカー：音楽鑑賞用ではなく、**モニター用**を準備する。ノイズや音質を正確に再現することが目的だ。耳の高さで正面に向けて置くと、より正確になる。

・ヘッドホン：大きな音を出せなかったり、ノイズがあったりする環境では、**ヘッドホン**を使おう。音楽鑑賞用が多いので、**密閉型のモニター用**を。SONYのMDR-CD900STは定番だ。**密閉型ヘッドホン**の場合は長時間使用すると疲れやすいので、普段の編集では一般の疲れにくいヘッドホンを使い、音調整時にのみモニター用ヘッドホンを使うのも手だ。

・PC内蔵のスピーカージャック：ノイズが混入しやすい。**DAC**（デジタルアナログコンバーター）と呼ばれるオーディオインターフェースを使うとよい。

・編集中：音量を一定にしておかないと、全体を通したバラツキが出る。つまみの位置やソフトの設定値をメモや目印しておこう。

・モニター音量：一時的に下げたい場合は、**DIM出力スイッチ**があれば使おう。ボリュームで下げると戻すのに苦労する。

ワンモアアドバイス

最後のチェックは上映環境で

いくら編集室でチェックしても、思わぬことが起こる。なので上映する環境での最終チェックを行いたい。配信動画ならネット経由で、映画館上映なら初号あたりから何度か映画館で試写を行ったり、上映時にチェック試写に立ち会わせてもらったりする。全国配給の映画で、舞台挨拶回りの時にすべての映画館でスクリーンの明るさと色をチェックした監督もいる。

TAKE 04

入力デバイスを用いて編集作業を効率化

コツⒶ

ゲーミングマウスで効率アップ！

映像編集には、**ホイール付きマウス**が便利。指示を短縮するため、キーボードを併用してショートカットキーを使う場合も多い。**ゲーミングマウス**だと、ボタンにキーを割り当てられるので操作が楽になる。特に、ボタンに **Ctrl**、**Alt**、**Shift** などの修飾キーが割り当てられるマウスは便利。

コツⒷ

キーボードは慣れたものから

キーボードは、自分の使い慣れたキーボードで始めよう。こだわるなら、**ショートカットキー**が刻印されていたり、**コントローラー**が搭載されたりする編集ソフト専用キーボードも高価だが販売されている。机上にはマウスをはじめとする他のデバイスや記録用紙、シナリオも広げることになるので、省スペースのキーボードを検討してもよい。

Information

◆自分に合わせてショートカットを登録

ショートカットキーの登録やデバイスへの割り付けは、ストレスを減らし作業を速くする。しかし最初にすべて考えて割り付けても、自分の指に馴染まなければ意味がない。デバイスや自分の編集時の癖によっても違いがあるので、実際にソフトを使いながら、自分がよく利用する機能を見出し、登録していこう。

◆よく使うショートカットの例

私の場合は、①**タイムラインの縦横の拡大縮小** ②**スクロール・カーソル移動**（マウスホイールと上下左右キーと修飾キー：Ctrl, Alt, Shift との組み合わせが多い）③**トラックのソロ・ミュート** ④**編集クリップの ON・OFF** ⑤**画と音の同期 ON・OFF** ⑥**音のノーマライズ** ⑦**リップル編集関係** ⑧**再生ジョグコントロールの** J K L **キー**などをよく使う。

POINT

編集作業では、編集ソフトに多くの指示を与えなければならない。煩雑な指示を入力するには時間もかかる。そこで、入力デバイスを工夫してできるだけ簡単に！

コツⓒ

あると便利な左手デバイス

左手で編集ソフトをコントロールできるデバイスもある。ショートカットキーやマウス機能を割り当てて使う。編集ソフトの**タイムライン**（TAKE05）で、縦横方向のスクロールやカーソル移動、拡大縮小の調整が指先だけでできるとかなり楽になる。キーを割り付けるときに意識しよう。一般の**プログラマブルテンキー**、**ゲーム用左手キーボード**なども使える。

コツⓓ

ショートカットはメモっておく

編集をしていると、よく行う操作はマウス操作より**ショートカットキー**が断然早い。よく使うショートカットキーは小さなカードに**メモ**しておくとよい。

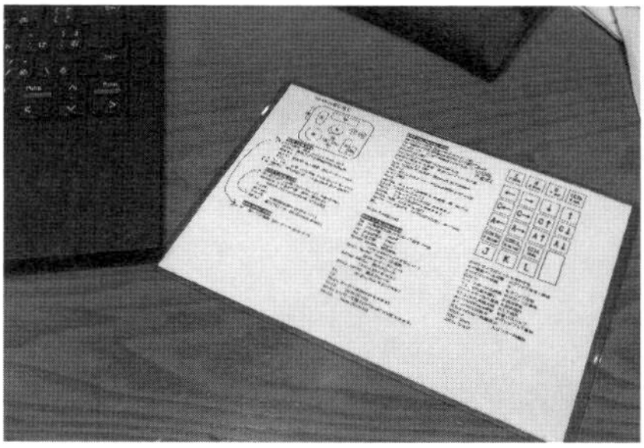

時々まとめてA4に印刷し、半分に折ってA5カードケースに入れ、キーボード脇に置いておく。そうするとすぐに見ることができる。左手デバイスの操作もカードにしておくと便利だ。

ワンモアアドバイス

設定作業に溺れるな！

編集作業に集中できる環境を整備するのは良いことだが、道具集めと同じく、設定作業に夢中になることがある。これが高じて、実際の編集作業より環境を整える作業に時間がかかっていては本末転倒だ。編集作業を進めるうちに、「この動作、よくしているな」と気づくものだ。環境設定はその後で十分。デバイス設定も、編集作業の合間に少しずつ行うくらいの気持ちでよい。

TAKE 05

編集ソフトのインターフェースに慣れよう

コツⒶ

編集は４ステップで完成！

STEP①編集プロジェクト作成
素材となるショットの動画や音声を、Ⓐ**ビン**に読み込む。

STEP②素材を準備
使う素材をⒹ**タイムライン**に並べていく。このときⒷ**トリマー**でカットするなどしてもよい。タイトルや音なども同様に。

STEP③タイムライン調整
Ⓒ**モニター**を見ながら、Ⓓ**タイムライン**で各カットの始まりと終わりを調整する。また、カットを並べ替えたり入れ替えたりして整えていく。

STEP④レンダリング
調整ができたら、**レンダリング**（圧縮）して新しい完成動画ファイルを作る。（TAKE46）

※**STEP①**でショットと同様に別のプロジェクトを読み込んで使うこともできる（**ネスト編集**）。（ワンモアアドバイス）

コツⒷ

インターフェースは共通

編集ソフトの**インターフェース**は、おおむね共通だ。基本構造に慣れれば、直感的に使えるようになる。

Ⓐ**ビン（ソース/メディアプール）**
画や音など、読み込んだ素材の一覧が表示される。

Ⓒ**モニター（ビュアーなど）**
画面を表示する。

Ⓑ**トリマー（ソースビュアーなど）**
素材をトリミングする。カットの始まり（インポイント）と終わり（アウトポイント）を指定。

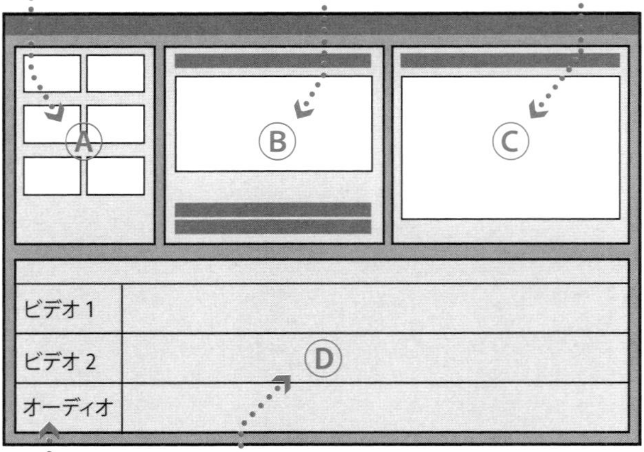

トラック

Ⓓ**タイムライン**
左から右へ画や音を配置する。カーソル位置の画像がモニターに表示される。

Information

◆編集ソフトはフィルム編集のアナロジー
昔は大きな机の上にたくさんのフィルムを並べて、順番や配置を考えながら切って繋げていた。編集ソフトもその応用と考えると理解しやすい。目先の操作ではなく、基本的な考え方や概念を押さえていこう。そうすれば新しい技術が出てきたときにも迷わない。

◆現在の主な編集ソフト
- Final Cut Pro（Mac）… プロがよく利用。
- Adobe Premiere Pro（Mac/Win）… 日本で人気。
- EDIUS Pro（Win）… 報道でよく使用される。
- DaVinci Resolve（Mac/Win/Linux）…プロ用だが無料版も。
- VEGAS Pro（Win）… 軽快で直感的な操作が特徴。

POINT 編集ソフトにはさまざまな種類があり、各部の名称もいろいろだが、基本的な操作や考え方は同じだ。基本を押さえておけば、どんなソフトも使いこなせる。

コツⓒ

タイムラインでトラックを操作

タイムラインは、複数のトラックからなる。**ビデオのトラック**には動画、静止画、タイトルなどを、**オーディオのトラック**には動画の音や、効果音(S.E.)、音楽などを配置する。

●トラックでの調整

トラックは層のように重ねるイメージ。下の図のカーソル位置なら、**ビデオ2**の**カット2画**の上に**ビデオ1**の**タイトル**が表示され、音声は**オーディオ2、3**の**カット音**や**効果音**が再生される。

●自動調整機能も

・**音量**は各カット、トラックごとにコントロールを表示させて調整する。**ノーマライズ**機能を使えば、カットごとの音量を揃えることができる。(TAKE41・43)

・カットを挿入・削除・移動したときに、他カットを自動的に前後に移動させる機能を、**リップル**と言う。**ON/OFF**を切り替えられ、調整するトラックも選べる。思わぬ影響で移動することがあるため、確認は欠かせない。

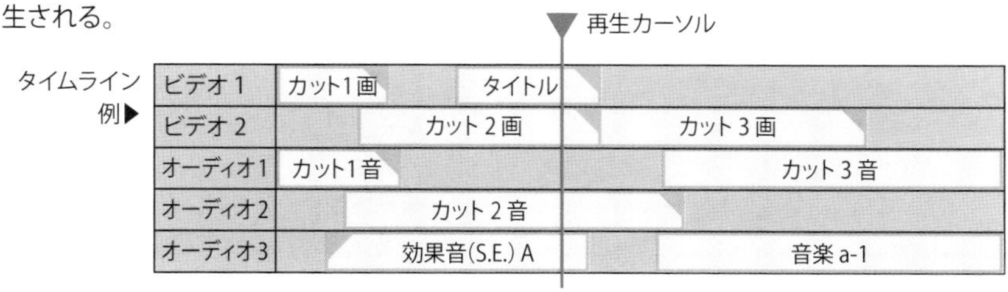

●ショートカットでモニタリング

ショートカットキーの［J逆再生, K停止, L再生］はよく使う。J, Lを1回押すと標準速度、2回以上でX倍速。K**で停止**。KとJやLを同時押しするとスロー再生になるものが多い。

ワンモアアドバイス

長編ではプロジェクトを分けよう

編集ソフトのビンには一次素材だけではなく、他の編集プロジェクトを素材として読み込んで配置することもできる。このように、プロジェクトを複層的に読み込んで新規プロジェクト上に配置する手法を、ネスト編集と言う。長編映画の場合、シーンごとに編集プロジェクトを分け、それを並べて映画全体をタイムラインに配置すれば管理が楽になる。作業の効率化にもなるので覚えておこう。

TAKE 06

設定時に迷わない 動画ファイルの仕組み

コツA

動画のサイズとコマ数

●微細化する解像度

解像度は、画面内に配置する**画素（ピクセル）数の横×縦**で表現される。

・**SD**：スタンダード。DVDなど。16㎜フィルム程度の解像度。720×480（480p）など。

・**HD**：ハイデフィニション。ハイビジョンとも。地上デジタル放送など。1280×720（720p）。

・**FHD**：フルHD。ブルーレイなど。35㎜フィルム程度の解像度。1920×1080（1080p）など。

・**4K**：横4000ピクセル程度。70㎜フィルム程度の解像度。3840×2160（2160p）。

・**8K**：横8000ピクセル程度（4Kの4倍）。7680×4320（4320p）など。

●画面の縦横比はさまざま

画面のサイズ、アスペクト比はさまざまだ。**シネスコサイズ**といえば、おおむね**2：1**以上横に広いものをいい、**2.35：1**が代表的。なお、例えば同じDVD解像度の**720×480**ピクセルでも、表示の縦横比を変えることで、**4：3**スタンダードにも**16：9**ワイドにもなる。

● 1秒間のコマ数

1秒間に何枚の静止画を連続させるかを、「**フレームレート**（コマ数）」という。単位は**fps**（frames par second）。映画黎明期に、1秒間に12～14コマ以上あれば動いて見えるという目安があった。

・**16fps**：サイレント映画時代の標準

・**24fps**：現代の映画の標準

・**25fps**：PAL方式TV放送（ヨーロッパなど）

・**30fps**：NTSC方式TV放送（北米、日本など）

なお、TV放送の場合は同期用信号のために0.03コマ程度分が使われるため、24fpsなら23.976、30fpsなら29.97になる。

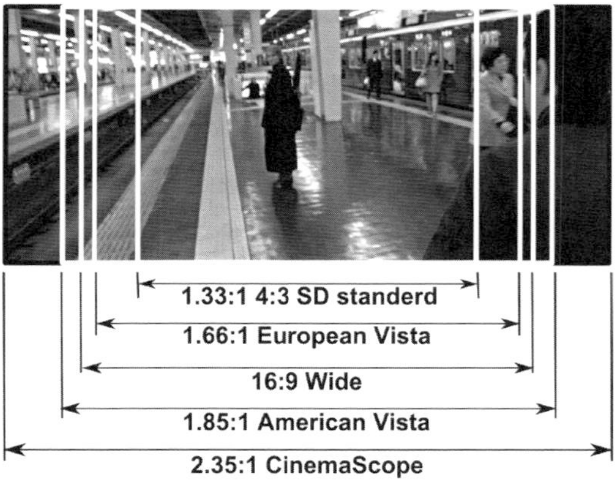

Information

◆プログレッシブとインターレース

解像度を表す**i**または**p**の表記は、**インターレース**または**プログレッシブ**の略。古いブラウン管TVでは、1コマを粗い解像度の2コマとして放送した。これを**インターレース**といい、元のフレームレートで静止画を扱うものを**プログレッシブ**という。例えば60iは、元の30コマをインタレース60コマとして扱うもの。60pは60枚の静止画をそのまま扱うプログレッシブ。

◆圧縮率などの表記方法

圧縮率のことを、**ビットレート**という。1秒間の映像で使うデータ量を**bps**（bits par second）で表す。**K**（キロ）や**M**（メガ）単位も多い。また、音についてもさまざまな圧縮方式がある。**サンプリングレート**（画での解像度に相当）/**bit**深度/**ビットレート**で、48kHz/24bit/128Kbpsのように表す。CDは、44.1kHz/16bit/1411Kbps。

POINT 動画ファイルの仕組みを知っていることで、技術の進歩に関わらず汎用的な操作のコツを身につけることができる。編集で設定などに困ったら見直してほしい。

コツB
動画圧縮と格納形式

動画や音声は**コーデック**で圧縮、**コンテナ**に格納されてファイルになっている。

●コーデック（圧縮方式）
圧縮のたびに画質が落ちる**非可逆圧縮**である**H.264**（後継規格はH.265）が広く使われる。圧縮しても画質が落ちずに復元できる可逆圧縮（ロスレス）は**UtVideo**, **HuffYUV**, **Lagarith**など。音声も別に圧縮される。

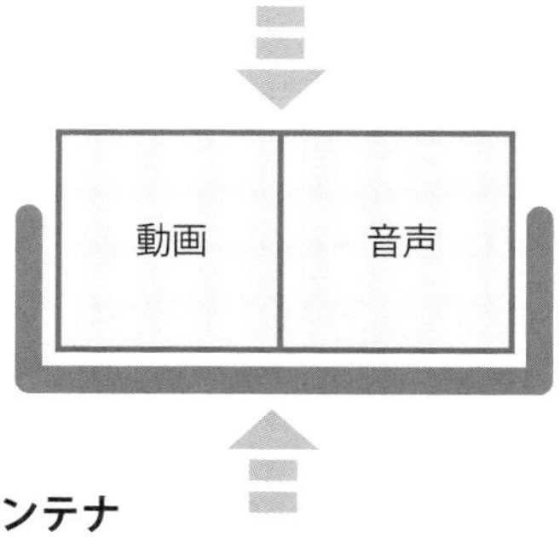

●コンテナ
各種ファイル形式があり、固有の拡張子がつく。Windows標準の**AVI**（.avi）や**WMV**（.wmv）、Apple社標準の**QT**(.mov)、一般に広く使われる**Mpeg-2**（.mpg）、**MPEG-4**（.mp4）など。

コツC
色空間とその表し方

機器で表現できる色の範囲を、**色空間**という。映画館、印刷物、TV放送などで異なる。色の表し方を押さえよう。

・RGB（または**YUV, YCrCb**）
色の表現は **R**（赤）**G**（緑）**B**（青）のほかに、圧縮しやすい**YUV**も用いる。輝度 **Y**・輝度と青色成分の差 **U**（Cb）・輝度と赤色成分の差 **V**（Cr）で表す。元のYUV比率4:4:4から4:2:2と圧縮しても、劣化を感じにくい。

・bit深度（**ビット深度、色深度**）
１ピクセルあたりに割り当てるデータ量を、**ビット深度**という。単位は**bpp**（bits per pixel）。24bppだと**RGB**に8bitずつ割り当てるので、二進数8桁の3乗で約1677万色となる。ほかに10bit（約10億7374万色）など。

・LOG
暗部を多く明部を少なくして、色情報を収録する方法。**LUT**（ルックアッププテーブル）による調整で自然なコントラストにしたり、特徴のある色を出したりできる。

・RAW
撮影した生データのまま収録する。色情報を捨てていないので後に自由に調整できるが、データ量は巨大になる。

ワンモアアドバイス

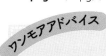

微細さを増す動画の解像度

動画は進歩が速い。今ではFHDや4Kなどで撮影された素材を取り込んで、1080p/16:9/23.97fps（か24fps, 30fps）のプロジェクトで編集、レンダリング時にH.264かH.265圧縮のmp4かmovファイルで出力することが多い。数年も経てば、4Kでの出力や60fpsや72fpsでのHFR（ハイフレームレート）出力が求められるようにもなるだろう。現在の編集ソフトには、レンダリング時に元の大きな素材を扱うプロキシ機能が搭載されているものも多い。

体験談コラム①

フィルム時代からの映画作りの中で、編集が一番楽しかった

西田 宣善［映画プロデューサー］

高校２年の時、文化祭で映画を作ることになり、私が８ミリキャメラを持っていたので、撮影を担当することになった。監督は映画好きの友人。撮影の後、私の家の食堂で仕上げの作業をすることになって、いろいろな仕事を進めているうち、監督から「西田は製作総指揮やな」と言われるようになった。その役割のひとつなのか、編集も担当することになった。15分の映画だったが、前半と後半を分けて、監督が前半を、私が後半の編集を担当した。この作業が、おもしろかったのなんの！　それまで映画作りにおいては、自分で短いシナリオを何本も書いたり、キャメラを回していたが、編集をしたのは初めてで、それから映画作りにおいて、**編集が一番楽しい**こととなった。その時はエディターもなく、映写機にフィルムをかけて、途中で止めてはフィルムを直に見て、スプライサーを使って、切り貼りしていた。その時に、予告編も何種類か自分で編集して作ったのだが、それもすごく楽しかった。

それから40年たった今。私は映画プロデューサーとなった。今は自分で直接編集することはなく、編集スタッフに自分の意見を伝えたり、それを監督から伝えてもらったりしている。デジタル時代で機械の操作がたやすくなり、監督自身が編集することも多くなってきた。黒澤明監督のように、フィルム時代から監督が編集するケースはあるものの、劇映画の場合、**監督自身が編集するのはよくないという説**がある。客観的な視点が持てないというのがその理由である。

映画作りの上で、どのパートも重要なのだが、編集の重要性は、ここで**映画が死んだり、生きたりする**のが明らかだからだ。時には、監督や編集スタッフと意見が合わず、口論することもある。勘違いされては困るのだが、こちらは自分の好みや主張を言うのではなく、質の高いもの、お客さんに届けやすいものを考えているだけだ。私の経験上では、編集に関して、監督や編集スタッフと意見が一致した場合の方が、作品として高い評価につながることが多い。映画作りにおいては、**作り手との意見の一致**は最も重要なことのひとつであり、その分水嶺のひとつが編集なのである。

『嵐電』2019年　監督／鈴木 卓爾　出演／井浦 新、大西 礼芳、安部 聡子、金井 浩人、窪瀬 環ほか
©Migrant Birds/Omuro/Kyoto University of Art and Design

Information

◆西田 宣善［映画プロデューサー］
1963年京都市生まれ。92年（有）オムロ設立。製作映画：風間志織監督『冬の河童』（ロッテルダム国際映画祭グランプリ）、矢崎仁司監督『無伴奏』（サハリン国際映画祭審査員特別賞）、鈴木卓爾監督『嵐電』（高崎映画祭、TAMA映画祭最優秀作品賞）、金子修介監督『信虎』（マドリード国際映画祭最優秀監督賞）。配給作品：三島有紀子監督『東京組曲2020』。出版物：「フィルムメーカーズ」シリーズ、「溝口健二著作集」。

CHAPTER II

物語を彩る編集テクニック

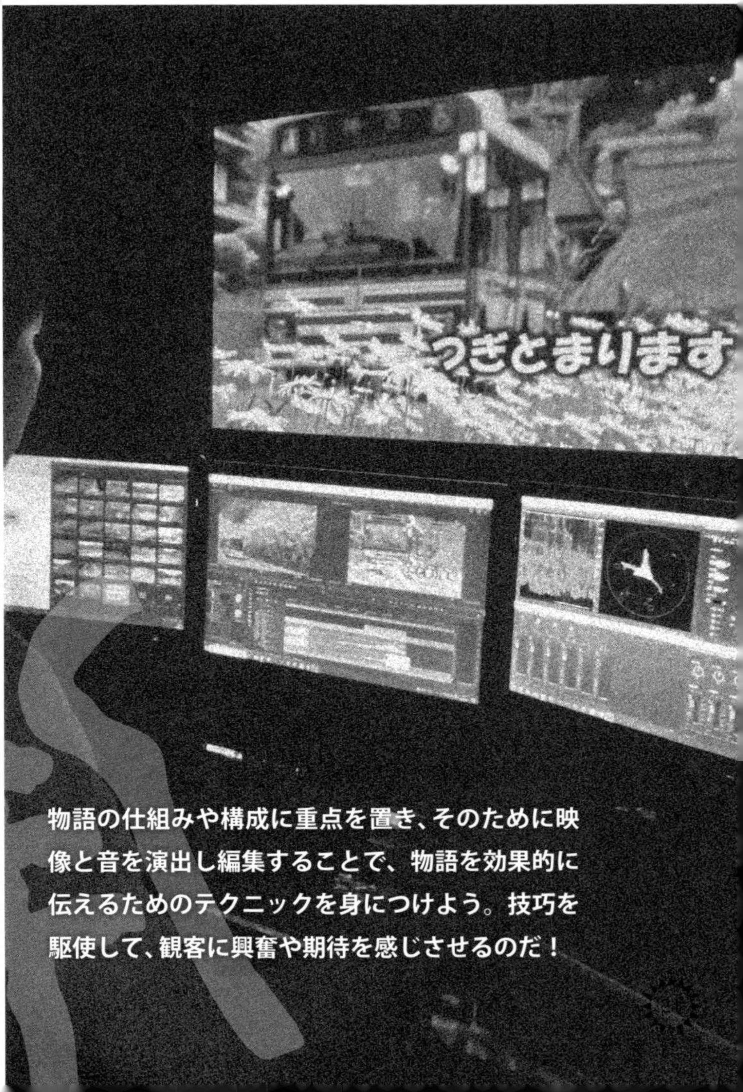

物語の仕組みや構成に重点を置き、そのために映像と音を演出し編集することで、物語を効果的に伝えるためのテクニックを身につけよう。技巧を駆使して、観客に興奮や期待を感じさせるのだ！

TAKE 07

物語の本質は変化にある 時間を操って物語を作ろう

コツA

物語は変化に宿る

●人は変化で世界を認識する

生き物は、**変化**で世界を認識している。目の端で何かが動いたら、すぐに気づく。獲物あるいは敵を認識するための原始的本能だ。

AAAAAA→AABAAA

上記を見て、あなたは「**B**」の変化にまず気づくだろう。そしてなぜ変化したのか、何が起こったのか想像し、ドラマを感じる。これが物語の本質だ。

●変化こそが物語

変化こそが物語であることを端的に表したのが、［**Xa→Xb**］と表現される**衣笠**（監修者）**理論**だ。

［**X**］は主人公＝変化するもの。［**a**］状態から［**b**］状態に変化する。実は、これさえ押さえれば観客に物語を感じさせられる。

［**X**］**何者の**、［**ab**］**何が変化するのか**、に注目すると、ストーリーやテーマがはっきりする。上手く物語にならないと感じたときは、大抵この変化が見えないためだ。

［X］：**主人公**＝変化する何か。

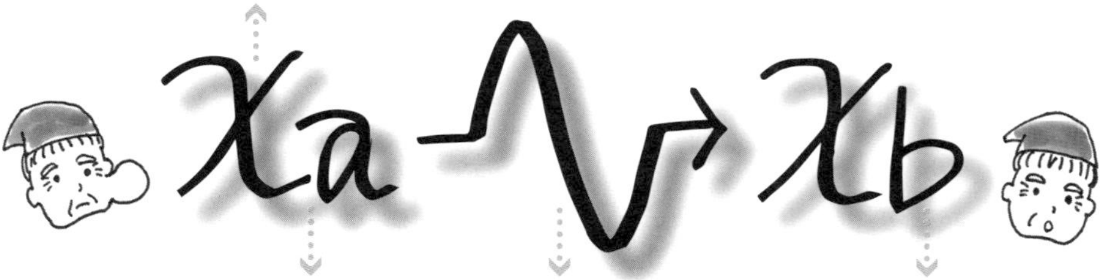

［a］は変化する前の属性
［**Xa**］は何かの、変化する前の状態。

［→］は変化する途中経過
省略もできる。予想外の地点を経由して面白くすることもできる。

［b］は変化した後の属性
［**Xb**］何かの、変化した後の状態。

Information

◆編集の醍醐味はタネの仕込み

手品師が観客から見えない部分にタネを仕込むのと同じように、**観客から見えない未来に向けてタネを仕込もう**。例えば、シーンの最後に主役の表情を持ってくると決めているなら、最初の方でそのキャラクターの違う雰囲気を見せておき、しばらくは観客に顔を見せない。そのことにより、観客に表情を想像させるように誘導し、最後にくる表情のアップが強く印象に残るようにできる。

◆自分で発見する喜びを観客に

観客に情報をわざと与えないことや不安感などを使って誘導し、最後にタネ明かしをする。これで観客は物語を受け身ではなく、**自分で主役の感情を発見**したものとして受け取る。観客はこのマジックには気づかず、映画の中を主人公とともに生きてきたように錯覚する。物語を他者に語られたものとしてではなく、**自らの出来事と感じさせる**テクニックだ。

POINT

人間は、「変化に敏感」という本能を持っている。物語の本質は、この変化を生み出すことだ。変化を見せるには、「時間」を上手に利用する。時間を操るマジックこそ、編集だ。

コツⒷ

時間を操作して物語を作る

●クロノス時間とカイロス時間

時間の物差しには、2つの種類がある。時計で計れる**クロノス時間**と、人それぞれで異なる主観的な**カイロス時間**だ。編集では、この違いが重要だ。**映画の尺はクロノス時間**で縛られているが、**物語るテンポはカイロス時間**で決まる。これから編集でさまざまに観客の興味を引く方法を説明してゆくが、それはこの**カイロス時間**を操作するためだ。

●作者と観客と映画、それぞれの時間

映画では、3種類の時間を意識しよう。客席で流れる**観客の時間、作り手が過ごす時間、**そして映画の中で**語られる時間**だ。例えば、10分の短編映画を2週間で編集、内容は100年の物語というふうに。さらに、それぞれの時間が流れる方向も違う。観客は次の瞬間を知らず、語られる順番に見る。しかし作り手は、物語のどこからでも自由に作り始めることができる。終わりを先に設定し、そこに観客を誘い込んだりもできる。**観客とは違う順番で、物語の展開を織り上げてゆく**のだ。

ワンモアアドバイス

変化のじらしこそが面白さ

［Xa→Xb］において、［Xb］に変化する途中を引き延ばすことで、観客は映画の続きを観たくなる。［Xb］への変化を予感させて、でもなかなかそうはならず、さらには違う方向へ向かい、「まずいことになってる！」と感じさせることができれば、こっちのもの。すっかり画面に釘付けだ。そして最後には、予感した変化に落ち着く。これで観客は納得する。映画という物語だけではなく、プレゼンや解説など、日常生活でも活かせるコツだ。

TAKE 08

変化とじらしで惹きつけられる構成を作る

コツA
じらしで観客の興味を惹く

●変わりそうで変わらなくてじらされる

映画の面白さの本質は、**じらし**だ。始まりから終幕に至るまでの変化をじらすことで、観客は物語に巻き込まれていく。[**Xa→Xb**] における [**Xb**] への変化を予感させつつ、さまざまな状況が生じて変わることができない。こうして [**Xa**] から [**Xb**] への間をじらすのだ。

●じらし方には定番がある

じらし方には、よく知られている方法があり、**三幕構成**、**起承転結**、**序破急**、**弁証法**などと呼ばれている。構造はいずれも同じで、物語が始まり [**Xa**]、問題に気づく。問題に挑戦するが失敗して挫折。しかし失敗から学び、結末 [**Xb**] にたどりつく。これは、人が問題を解決するやり方そのものだ。だからこそ、古くから定番として用いられるのだろう。

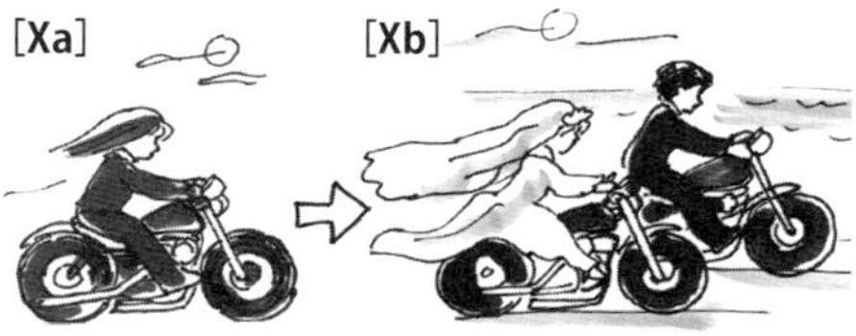

コツB
三幕構成と弁証法でじらせ！

脚本でよく使われる**三幕構成**と**弁証法**的解釈を使って、**じらしの仕組み**を説明する。

•第一幕（三幕構成）［テーゼ＝前提（弁証法）］
物語が始まる（最初の状態＝[**Xa**]）。問題に気づく（[**Xb**] への予感）。

• 1TP（第１ターニングポイント）（三幕構成）
解決を求めて [**X**] が行動を始める。

• MP（ミッド・ポイント）
挑戦が成功したように思える。

•第二幕 - 後半［アンチテーゼ＝反前提 - 後半］
挑戦のまずいところが見えてきて、[**X**] は失敗していく。

• 2TP（第2ターニングポイント）〔アウフヘーベン＝止揚〕
最悪の状況の中、[**X**] の隠されていた真実が明らかになる。問題と挑戦の本質が見直され、この物語のテーマがはっきりと見えてくる。

• 第三幕〔ジンテーゼ＝合〕
解決していく。思いもしなかった新しい方法などにより、問題と挑戦の失敗を経て、新しい解決が訪れる。当初想定の解決だけではなく、広くとらえ直した結末＝[**Xb**] に到達する。

Information

◆単純な変化やじらしでも効果

変化とじらしは、既刊書『映画制作の教科書』『映画脚本の教科書』※でも論じた。問題を発見した上で、解決しようと戦いを経て成長するモデルなので、誰にでも身に覚えがある。だから、かなり単純であからさまな変化やじらしを並べても、観客は感情移入してくれる。「私は上手く笑えない」→「私は笑っていた」のような単純明快な [**Xa→Xb**] でも、じらしのうねらせ方次第で、深く複雑なテーマとして説得力たっぷりに物語ることができる。

◆さまざまなレベルで応用可能

変化とじらしの考え方は、さまざまなレベルで応用可能だ。映画全体でも、あるシーンでも、あるいはシリーズ全体を通してでも、さらには小さなサブキャラクターの設計でも応用できる。そもそも物語とは、人が変化とじらしで世界を理解しようと生み出したものだ。だから強力な説得力があり、美しくも感じられる。脚本が言葉を使ってそれを行うものとすれば、編集というのは、**映像と音を使って変化とじらしで物語を組み立てる**ものなのだ。

※衣笠竜屯監修『映画制作の教科書 プロが教える60のコツ～企画・撮影・編集・上映～』
『映画脚本の教科書 プロが教えるシナリオのコツ 心得・法則・アイデア・分析』ともにメイツ出版

POINT 映画全体でも、あるいはひとつのシーンでも、変化とじらしで観客の興味を惹いている。[Xa→Xb] の理論がうねりを生み出すための構成方法は古典的なので、しっかり覚えて応用しよう。

コツⓒ

物語をうねらせろ！

物語の構成方法を使えば、簡単な［**Xa→Xb**］の変化が、豊かな物語に構成できる。

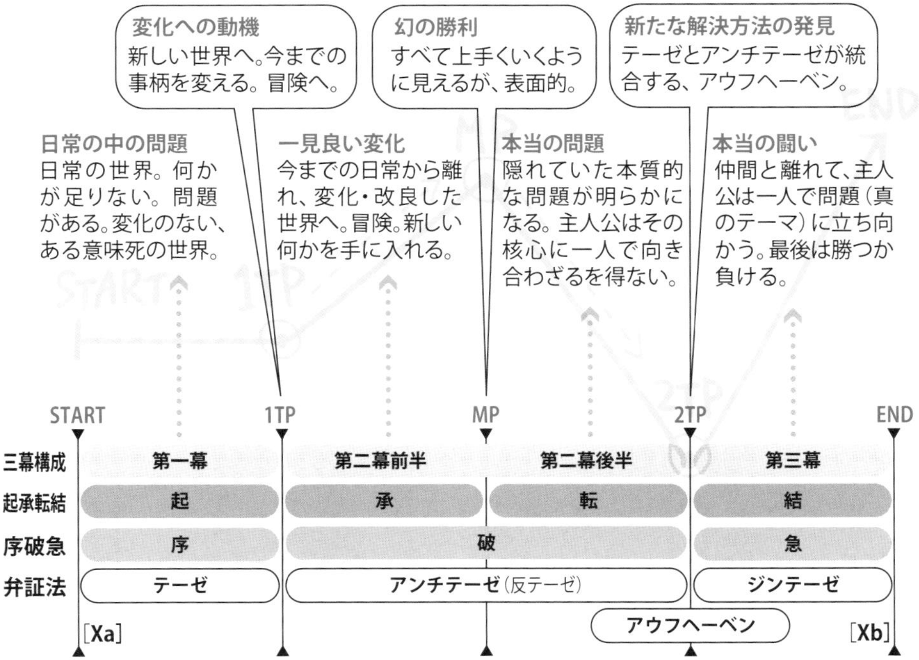

変化への動機
新しい世界へ。今までの事柄を変える。冒険へ。
幻の勝利
すべて上手くいくように見えるが、表面的。
新たな解決方法の発見
テーゼとアンチテーゼが統合する、アウフヘーベン。
日常の中の問題
日常の世界。何かが足りない。問題がある。変化のない、ある意味死の世界。
一見良い変化
今までの日常から離れ、変化・改良した世界へ。冒険。新しい何かを手に入れる。
本当の問題
隠れていた本質的な問題が明らかになる。主人公はその核心に一人で向き合わざるを得ない。
本当の闘い
仲間と離れて、主人公は一人で問題（真のテーマ）に立ち向かう。最後は勝つか負ける。
START
1TP
MP
2TP
END
三幕構成
第一幕
第二幕前半
第二幕後半
第三幕
起承転結
起
承
転
結
序破急
序
破
急
弁証法
テーゼ
アンチテーゼ（反テーゼ）
ジンテーゼ
アウフヘーベン
［Xa］
［Xb］

ワンモアアドバイス

謎かけ・謎解き

この変化とじらしの応用のひとつは、謎かけと謎解きだ。「問題と解決」を「謎かけと謎解き」として考えてみよう。謎を発見し、その謎を解くまでのうねりを作る。推理物の映画に限らない。シーンのつなぎやカット内など、簡単で強力な方法なので多用されている。例えば、「最初に広げた手のアップから始まって、次のカットでハンズアップして拳銃を向けられている」なども謎かけ・謎解きで興味を持続させる手だ。映画を観てみよう、多用されている。

TAKE 09 素材を組み合わせて観客を物語に誘導しよう

コツA 「編集の発見」は偶然のハプニング

映画が発明された当初、現実をそのまま動く映像として記録していた。ある日、馬車を撮影中にカメラが故障、修理して撮影を再開し、そのフィルムを上映してみると、驚いたことに馬車がいきなり人間に変わっていた。これが**編集の発見**だという。

●時間と空間の編集の発見

このとき人類は、初めて**時間が飛ぶ映像**を見た。映画というのが現実そのままを映すのではなく、**時間や空間を加工し主観的な真実を紡ぎだす**ものであると知ったのだ。

●心理的描写への進化

エドウィン・S・ポーター『大列車強盗』('03 米)で、初めて**人物のアップショット**が登場する。ラストカットは、強盗が観客席に向けて銃を発射する衝撃的な映像だ。**撃たれた側から見たショット**に、観客は度肝を抜かれたことだろう。映画は**カメラをどこに置くかで、誰の視点からどのように見るかを自由に操作できる**。

コツB 編集とは素材の組み合わせ

①会話する2人を横から撮る

そのままの映像でも、記録としては成り立つ。

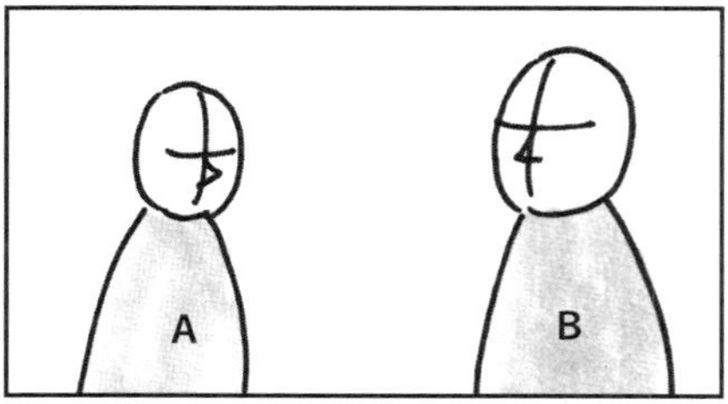

②1人ずつを撮影した素材を交える

会話のどの部分でどちらの顔を見せるかを編集で選べる。聞いている表情、話している表情、何かに気を取られた表情など、**見せたいものだけ**をつなぐことができる。素材の選び方で、違う意味に誘導することができる。

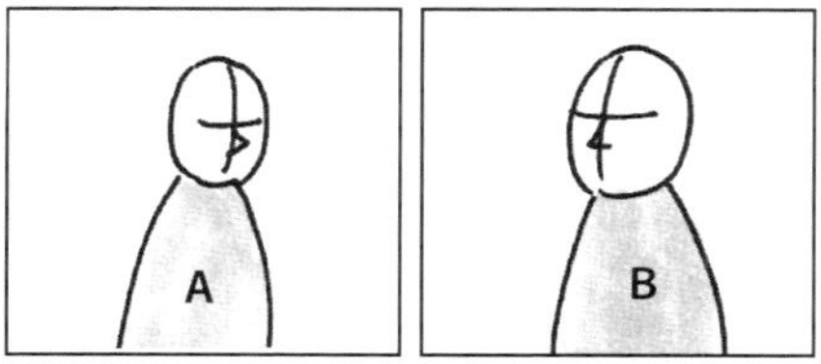

Information

◆音を消して映画を見る

編集のテクニックを身につけるためには、観客とは違う視点で映画を分析するのがよい。気になったシーンから技術を学んで、自分を育てるのだ。例えば、気に入っている**シーンの音を消して**見てみよう。音声に気をとられず集中できるので、映像で物語るさまざまな技術が見えてくる。昔の映画からも最新作からも学べることは多い。なお、映像で物語る技術は、**サイレント映画**時代に基礎が固まった。その時代のおススメの映画を右に挙げる。

◆サイレント時代のおススメ映画

- カットを衝突させたエイゼンシュテイン監督『戦艦ポチョムキン』('25 ソ)
- ジガ・ヴェルトフの見事な構成の**脱劇映画**『これがロシヤだ / カメラを持った男』('29 ソ)
- 時間と空間を操った D・W・グリフィス監督『イントレランス』('16 米)などの諸作
- 映像だけで語りつくす F・W・ムルナウ監督『最後の人』('24 独)
- サイレント時代にデビューしたヒッチコックの諸作

POINT 編集が生まれた歴史を知っておくと、それが映画にどのような効果をもたらしたのかを理解しやすい。基本的なバリエーションを押さえることで、観客の誘導方法に慣れよう。

③背景が映った素材を交える

会話の始まりや終わり、あるいは会話のどこかで、背景を映し込んだロングサイズ画像を交える。２人が置かれた状況が分かることで、２人の物語を推測させることができる。

④表情が見えない素材を交える

会話する当人の表情が見えない位置からの素材があれば、わざと表情を見せないことで、観客の想像をかきたてたり、じらしたりができる。

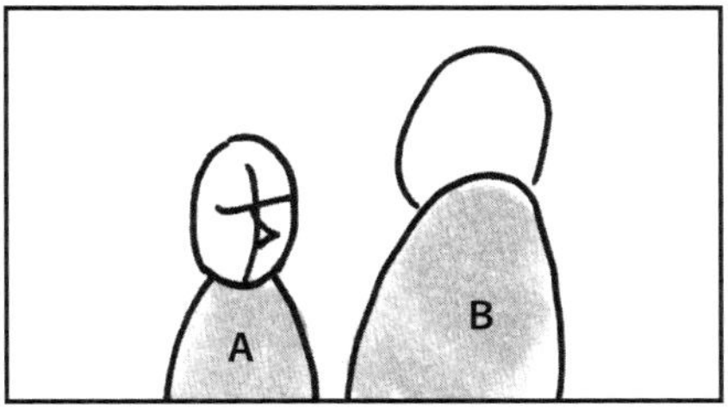

⑤各種素材で誘導する

会話する２人を直接撮ったわけではないが、関連性を感じさせるさまざまな素材を挿入することで、観客を誘導していくことができる。

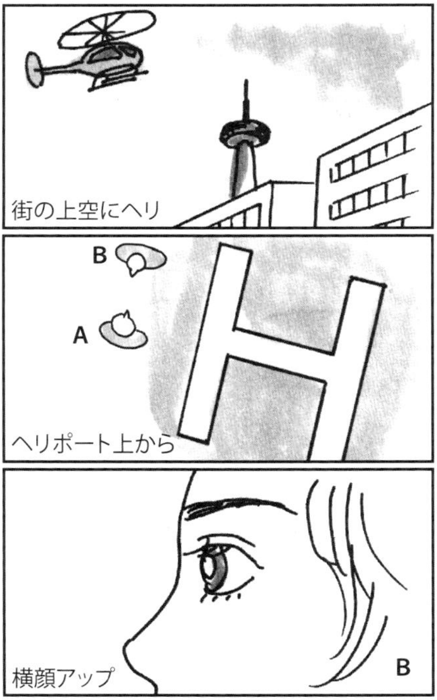

ワンモアアドバイス

重要なのは「ストーリーが伝わるかどうか」

もっとも重要な確認は、編集後の画と音でストーリーテリングができているかどうかだ。作品のストーリーを伝えるために必要な映像や音は、適切に調整されているだろうか。思い込みを排除し、細部に気を配りながら編集作業を進めよう。それが、ひいては作品の完成度、観客の感動につながる。

TAKE 10

クレショフ効果の利用 映像の衝突が物語を生む

コツⒶ

映像を衝突させる

●衝突から意味が生まれる

２つの映像をぶつけると、新しい意味が生まれる。単に男のアップであったはずが、死んだ子どもの映像とつなぐと悲しんでいるように感じられ、スープ皿や寝そべる美女の映像とつなぐと、食欲や性欲など別の意味を感じる。

これは、映画黎明期の1922年にルネ・クレショフが実験で示し、**クレショフ効果**として知られる技法である。まったく同じ男のアップ映像にさまざまなフィルムをつなぎ合わせたところ、観客はつなぎ合わされた映像の影響を受け、男の表情を異なるものとして受け取った。**編集で、観客の感情を誘導できる**ことが分かったのだ。

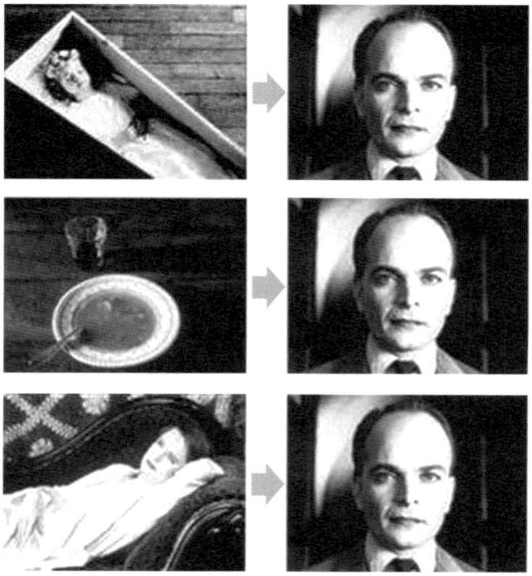

想起する感情↓

「悲しい」

「食べたい」

「美しい」

●別々の映像を関連づける

観客は、２つの映像がまったく別の時間、別の場所で撮られたものであっても、ひとつの心理的な意味を形作っていると受け止める。ここで紹介した例では、つながれた映像を男が見ている対象として、観客は関連づけている。つなぎ方によっては、現実の風景ではなく、男が内面で想像した映像として関連づけて受け取らせることもできる。

Information

◆演技の基本も目線

何を見るのか。俳優は演技をする際、その役の行動の衝動をリアルに感じ、特に**目線を意識**して身体を反応させる。観客から見ると、これが説得力のある表情を生んでいる。視線を交わすことは、原始的なコミュニケーションゆえにセリフよりも強力だ。言葉は嘘が混じるが、**視線で嘘をつくのは難しい**。ゆえに、視線を操れば、1カット内でも観客を自らの物語や内面に誘導できる。

◆視線に着目した編集

編集するとき、その人物が**何を見ているか**に着目すると、演技のどこを見せればよいのかを判断する指標になる。また、何を見ているのかを**いつ観客に分からせるのか**でも、物語ができる。デイミアン・チャゼル監督『ラ・ラ・ランド』('16米)の「秋」の最後のシーン、別れの会話の視線を追ってみてほしい。視線をそらす先に何があってそこがどこなのかは、このシーンのオチだ。

POINT 時間や空間に関係のない映像でも、2つをつなぐことで観客はそこに意味を読み取ろうとする。また、人物が何を見ているかで内心を想像させることができる。編集で物語を創り出せる。

コツB
クレショフ効果で物語を創造する

●新しい意味の生成
詩人は、詩を作るときにそれぞれの単語のぶつかり合いから、まったく新しい意味を生み出す。これと同じで、編集とはさまざまな映像素材をぶつけ、**新しい意味の文章（= 映像）を織り上げていく、創造的な作業**だ。

●編集で物語を創造する
編集次第で、同じ素材から別の物語が生まれる。例えば、①コップに薬を溶かす→②飲む男→③ベッドに倒れている男、とつなぐと、連続した物語を想像する。これを、①ベッドに倒れている男→②薬を溶かす→③飲む男、と順番を変えると、別の物語が生まれてくる。

●さまざまな応用が可能
フラッシュバック（回想）の編集も、**クレショフ効果**を利用している。また人物以外でも、前後の映像から特定の意味を感じさせることが可能だ。下町を見下ろす屋敷（黒澤明監督『天国と地獄』'63 日）の映像で、格差社会の世界観を伝えるなどがその一例。

コツC
クレショフ効果で心理を描写する

●観客は内面を推測する
2つの映像をつなぐことで、**「ある光景を見ている人物」**という幻想が生まれる。そこには、**「観客は、人物が何を見ているかで内心を読む」**という仕組みがある。対話相手を見ていると何かを伝えたそうに、目をそらせていると何かを言いにくそうに感じる。演技が素晴らしいと思うシーンを、音を消して登場人物が瞬間瞬間に何を見ているか観察してみると、それがよく理解できる。

●視線での心理描写
現実でも、会話している相手の**目線から相手の心情を推測**してみよう。こちらの目を見ているのか、テーブルに目を落としているのか、あるいはあなたの後ろの空中を見ているのか。その瞬間瞬間に相手がどんな気持ちなのか、かなり分かるはずだ。これは内面を映せない映画において、映像で心理を伝える重要なポイントだ。

ワンモアアドバイス

映像の衝突で意味を作る
例で示したケースの場合、「死んだ子ども」というシーンは同じで、男の側の表情を変えることもできる。例えば、男が笑みを浮かべていたらどうだろう。男と子どもの関係がまったく違った意味に感じられる。それでは、男がうつむいたところから目を上げて見た動きの部分をつなぐとどう見えるだろう？ 逆に目をそらしている部分をつないだら？ カットをつなぐ部分だけでも、どこで始めてどこで終わるかで意味や印象を変えられる。

TAKE 11

観客の錯覚を利用して感情移入を誘う

コツA

登場人物を自分と錯覚させる

●投影の錯覚

私たちは、映画館でスクリーンの中の主人公を見るとき、主人公が見ているものを、まるで**自分が見ているように錯覚**する。そして、主人公の喜びや悲しみを感じる。しかし実際には、その感情は主人公ではなく私たちが感じているものだ。主人公に自分を投影しているともいえる。この錯覚は、**クレショフ効果**（TAKE10）が起こる原因のひとつでもある。

●錯覚だからこその安心感

どれほどスプラッタ映画に没入し自分を投影したとしても、怪我したり死んだりはしない。同じことは、心理的投影でも言える。たとえどんなに悲しみや絶望、あるいは欲望や背徳、高揚や死を感じても映画内のこと。言い換えれば、現実では味わえない、味わうのに抵抗を感じる心理を、映画では**他人事**として楽しんで味わうことができる。そこに、映画の面白さの理由のひとつがある。

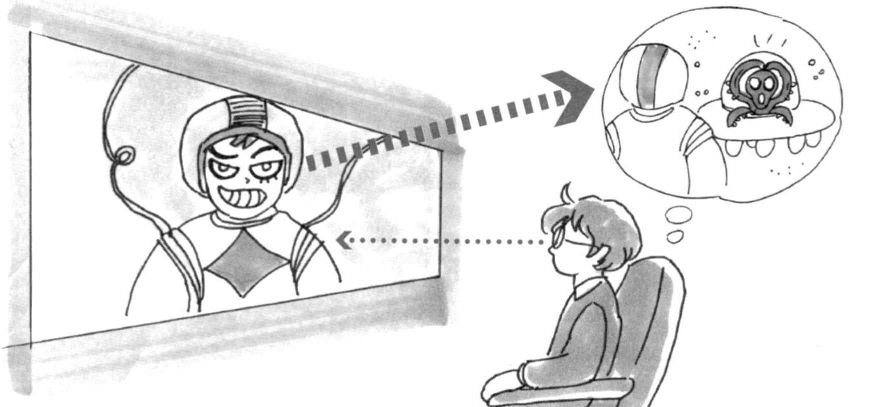

Information

◆一人称視点の利用

ゲームには、FPS（First-person Shooter）のような**一人称視点**のものがある。これはこのTAKE11で説明した投影の錯覚を利用せずに、直接主人公の視野を見せてしまう手法だ。映画でも**POV**（Point Of View）、日本語でいう**見た目ショット**があり、臨場感を伝えるのに重要だが、人物のリアクションによる誘導が不足するため、利用は部分的に行われることが多い。一人称ゲームでも、ドラマ部分ではわざと一人称視点から離れて主人公を見せることが多い。

◆一人称視点の有名作

一人称視点と登場人物の表情を巧みに織り交ぜた編集で有名なのは、フリードキン監督による伝説的な『フレンチ・コネクション』（'71 米）の、高架橋下のカーチェイスシーンだ。同じ車からの一人称視点では、1カットで撮ったルルーシュ監督による9分の短編映画『ランデヴー』（'76 仏）も有名。2つを比べ、**長編映画で物語の一部**として主役に感情移入させる場合と、**実験的な短編**で体感させる場合との違いを考えてみてはどうだろう。

POINT 観客は、スクリーンの中の登場人物を見ているうちに、登場人物が見ているものを自分が見ていると錯覚し、自分の感情を登場人物に投影する。ここに感情移入を誘う編集のヒントがある。

コツB

観客の感情移入を誘おう

●スクリーンは鏡

観客によるスクリーンに向かう視線は、スクリーンの中では主人公が見る視線に置き換わる。観客は主人公に自分の感情を投影し、登場人物が生きる人生を生きる。**スクリーンの中の主人公は、鏡に映った観客**と言ってもよい。この仕組みを理解しておこう。

●観客の投影を編集する

スクリーンは観客を映す鏡。だからこそ、ここからどう編集するかの方針が見えてくる。あなたが編集しようとしている映画は、観客に客観的に見せるものではなく、**観客を主観的に取り込む**ものなのだ。観客に、主人公がまるで自分の分身のように感じさせ、他人事でなく自分の冒険として没入させる。映画への感情移入を誘おう。

ワンモアアドバイス

視線の方向とその心理的影響

人は、本人から見て右方向（向かって左）に未来、左（向かって右）に過去を感じると言われる。また、上は外側、下は内面を示すとも。なので、嘘は右上（向かって左上）、内省は左下（向かって右下）の視線方向で感じられる。また本人から見て右に見えるものは強いもの、左に見えるものは弱いものと感じると言われる。なので弱い立場の人物を左側に配置することが多い。そして左から右への動きはゆっくり登っていく印象、逆は速く落ちていく印象と言われる。

TAKE 12

映画の階層構造を意識してじらしを徹底しよう

コツA

映画は階層構造になっている

映画は、物語的には三幕構成や起承転結に分けて考えることができるが（TAKE08）、それぞれの**カット**、**シーン**、**エピソード**も**階層構造**のように組み立てられている。

●階層を意識して編集を

編集をするときは、自分が**今どの階層で考えているのか**意識しておこう。カットであれシーンであれエピソードであれ、それぞれに物語全体と同じく、**三幕構成**や**起承転結**を持っている。それぞれのパーツ内で、物語構造が完結するように編集しよう。

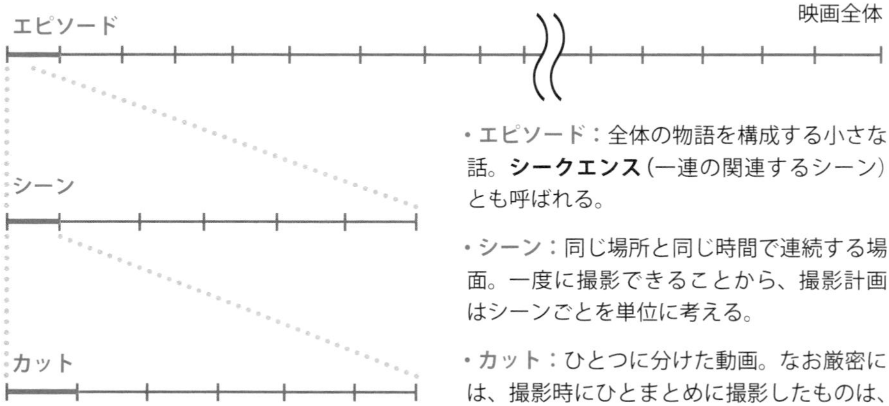

・エピソード：全体の物語を構成する小さな話。**シークエンス**（一連の関連するシーン）とも呼ばれる。

・シーン：同じ場所と同じ時間で連続する場面。一度に撮影できることから、撮影計画はシーンごとを単位に考える。

・カット：ひとつに分けた動画。なお厳密には、撮影時にひとまとめに撮影したものは、**ショット**と呼ばれる。ショットを編集でいくつかに分けて、複数のカットとして扱うことができる。（TAKE15）

Information

◆ディテールよりも全体を

編集でカットをつないでいると、得てして細かな部分が気になってしまう。しかし、観客は全体で楽しさを感じるもの。いくら細部を良くしても、全体の構成がだめなら印象はほとんど変わらない。逆に、細部に難があっても全体の構成が面白ければ、その弱点は気にならない。気になる部分が見えたら、その部分を改良しようとする前に、引いて**全体の構成を眺めてみよう**。全体構成の中で、その部分が気になる理由が見えたら、効果的に改良できる。

◆迷ったらやり直せ

編集を行う中で、どのようにつなぐか迷い込むことがある。そんなときは、いっそ根本的に見直してやり直した方が、効率よく解決できることが多い。**創造の神は細部に宿る**と言われる。確かに、作り手の個性や良い部分は細部に表れる。しかしその細部が光るためには、作品全体がゆるぎなく面白くなくてはならない。だから、一度引いて考える。**全体の流れができていてこそ、細部に宿るあなたの癖や個性を観客は好ましく感じる**。

POINT **映画全体は、カット、シーン、エピソードの組み合わせでできている。いま自分がどの階層を考えているのか意識することで、編集をスムーズに進めて面白くしよう。**

コツB

どの階層でもじらしは有効

●じらしを徹底するだけ

パーツ内を、どうやって面白くするか？ 物語全体と同じく、**じらし**を作る。それぞれの［**Xa**（始まり）→**Xb**（終わり）］を見つけて、［**→**］における困難への挑戦と障害、解決などの**うねり**を見つけ出してじらすのだ。

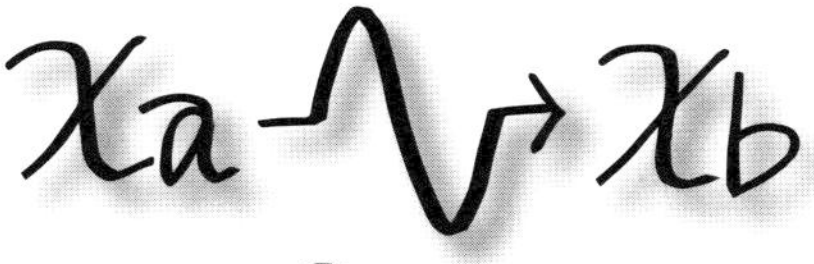

●技法の本質は「いないいないばあ！」

じらしは「**いないいないばあ**」みたいなものだ。手で隠された顔で始まり［**Xa**］、「**ばあ！**」と顔を見せて終わる［**Xb**］。間の［**→**］が、赤ちゃんの笑いを生む。声とともに、開きかけて閉じる、目だけを見せるなど、期待を持たせてじらす。どんどん顔が見たくなって、「**ばあ！**」で大喜び。普通に顔を見ただけより何倍も楽しくなる。隠す手という**障害と期待**があるゆえだ。

物語作りの秘訣は、**物語そのものの中にはすごいものは何もない**ということ。素材の活かし方に調理の醍醐味があるのと同じく、**すごいと思わせる技法があるだけ**なのだ。これを押さえるだけで、ぐんと面白くなる。

ワンモアアドバイス

「謎かけ・謎解き」も編集の強力な武器（TAKE08）

じらしの一種である「謎かけ・謎解き」。カット、シーン、エピソード、どのパーツでも謎かけで興味を引きのばし、謎解きで納得させる方法は強力な武器になる。わざと観客から情報を隠し、少しずつ小出しに情報を見せ、どこかで決定的な謎解きをする。登場人物が何を見ているのかで謎かけしたり、状況が分かる画を見せる位置を狙ったり、最初に小道具のアップを見せて最後にはその意味が分かるように構成したりなど、編集でもいろいろと使える。

TAKE 13 テンポと間によって心理的時間を操作する

コツA

カイロス時間でテンポを作る

時間のものさしには、時計で計れる**クロノス時間**と主観的な**カイロス時間**の２つがある（TAKE07）。始まってすぐ終わるように感じる、いわゆる**ローラーコースタームービー**は、カイロス時間の組み立てが巧みだ。

●カイロス時間の区切り

観客が感じるカイロス時間は、**［Xa→Xb］の変化（小さな物語）を区切りとしたものさし**で感じている。クロノス時間を忘れるほど楽しい映画は、この区切りをテンポよくつないでいる。

●終わりを始まりに

ローラーコースタームービーの嚆矢とされる「インディ・ジョーンズ」シリーズのうち、『インディ・ジョーンズ／魔宮の伝説』（'84 米）を見てみよう。主人公の勝利で終わったと思ったカットに続いて、観客におやっと思わせるカット、そして不安を作り、次のエピソードの始まりへつないでいる。終わりと始まりを重ねる構成法が効果的だ。映像に重ねる音の**ずり上げ・ずり下げ**（TAKE23）も、この効果を作る手法のひとつだ。

Information

◆音楽における拍子

音楽では、１分に何拍あるかを楽譜の最初に **BPM**（Beats Per Minute）として指定している。BPMは、医学では１分間の心拍数を示す。音楽でよく使われる 60 ～ 90BPM は、人の落ち着いた平静時の鼓動と同じぐらいだ。90以上～140は少し速く、乗っている感じ。 150～200はかなり興奮した拍動に近い。この拍子も、人の感じる時間を客観的に示す方法だろう。

◆音楽における時間の扱い方

音楽では、基本的に半分と倍のテンポで時間を扱っている。全音符の半分が 1/2 音符、さらに半分が 1/4 音符というふうに。人間の感覚は等間隔ではなく指数的なので、等分より半分に分けるこの考え方が耳になじむ。半分以外でも 3/4、10/16 など分母が２の乗数によるテンポもしっくりくる。この**音楽での長さ**の考え方は、**カットの長さ**を考えるときに参考になる。

POINT 時計の時間は等間隔だが、人が感じる時間は指数的に伸び縮みする。映画は時間を忘れて観るので、カットつなぎに工夫を凝らして、次への焦燥をかき立てるテンポを生み出そう。

コツB

じらしが時間を忘れさせる

クロノス時間を忘れさせ、映画鑑賞時間を短く感じさせるコツは、［**Xa→Xb**］における［**Xb**］に向かう予感の演出だ。達成されない予感や未解決の不安が観客をじらし、次への焦燥感を生む。**じらしがなければ、短いカットでも退屈**で長く感じる。

●じらして興味を持続させる

『椿三十郎』('62 日）の始まりを見てみよう。山寺にいる侍たちの騒動が終わったと思わせるカット、だがそこで「**まてよ、いけねぇ…**」と観客をじらし、次の物語へつなぐ。この手法は、カットだけでなくシーン、シークエンス、映画全体と、どの層にでもそれぞれに有効だ。どの層でも、**じらしがある限り興味を持続**させることができる。

コツC

J K L キーで間を作り出す

終わりに始まりを重ねる、その間に挟む「**じらし**」。“一拍おいて”と表現されるように、間の感覚として**一拍**という考え方がある。実感として1秒より少し短いくらいか。だいたい心臓の鼓動に近い感覚だ。

●一拍は数字より体感覚

この間の取り方は、カットを秒数で見ていると不自然になる。編集ソフトのタイムラインの長さで見当をつけようとしても、やはり不自然になる。**映像を流しながら自分なりの感覚でつなぐ**のがよい。

●J K Lキーで間を操ろう

つなぐときには、編集ソフトでの［**J逆再生/K停止/L再生**］キーが強い味方だ(TAKE05)。**Lで再生**しモニターを見ながら、**自分なりの間でKで停止**する。間が気になるときは、気になるポイントから**Jで逆再生**。簡単なテクニックだが重要だ。慣れると、自分なりの間で自然につなぐことができる。

ワンモアアドバイス

ひとコマひとコマのせめぎ合い

小津安二郎監督は、カットが始まってから人物がフレームインするまでやフレームアウトしてからカットが終わるまで、あるいはセリフを言うまでや終わってからのコマ数を決めていたという。私自身、あるカットの雰囲気が気に入らず、動きを2コマだけカットすると見違えるように優しい感じになった経験がある。人によっては、カット内のコマ数が奇数より偶数の方が落ち着いた感じになると言う人もいる。人の感覚ではひとコマ（1/24秒）が重要だ。

TAKE 14

並び順や省略を活用して観客に物語を想像させよう

コツⒶ

映像の組み合わせで物語が変わる

上にある⓪～③の４点の素材を組み合わせて、物語を作ってみよう。
始まりと終わりを決め、その変化［**Xa→Xb**］に注目することで、この小さな物語が変わる。

・①→②→③

街から海へ行って街に帰る。**始めと終わりの対比**による主人公の変化が気になるところだ。

・①→②

街から海に行った。①で**どこへ行くのかじらされ**、②で海へ行ったとなる。**海に意味を持たせる**と、さらに結末が強く感じられる。

・②→③

海から街に行ったようだ。**主人公は街ではストレンジャー**であり、今から**冒険が始まる**という印象で受け取られるかもしれない。

Information

◆観客に想像させよう

編集で物語を作り出す場合、重要なのは**何を見せて、何を見せずに省略するか**だ。映像だけではなく、音の扱いも同じ。情報を伝えすぎてしまうと、当たり前のことに感じて退屈になる。観客は、自分自身が見つけた情報であるほど信用するし、興味を持つ。そのためには、省略して**観客に想像させる**ことだ。「彼は悲しい」をそのまま伝えるのではなく、想像させる。**見せないことで、観客を誘導する**のが重要だ。

◆何を隠せばよいか

何を隠して、観客に何を想像させるのか。その判断基準は、**作品全体で一番伝えたいことが何か**だ。映画全体の物語は何だろう？ 全体の物語に対して、幕やシークエンス、シーン、カットの層になった物語は、それぞれどんな機能を果たしているだろう？ このように全体から掘り下げて、ひとつのカットで行うべきことが見えると、**何を省略して観客を誘導し、想像させるのか**が見えてくる。

POINT 観客は、映像と映像の間に物語を見出す。だから、同じ素材でもつなぎ方次第で違う物語が生まれるし、途中の素材を省略することで観客の想像や期待を誘うことができる。

コツⒷ

省略で物語をテンポよく

物語は、一部を**省略**できる。［**Xa→Xb**］の中で省略できる順番は、⑴［**→**］（途中経過）、⑵［**Xa**］（最初）だ。［**Xb**］（結末）を省略すると、謎を残すことになる。再び、左ページの素材をもとに考えてみよう。

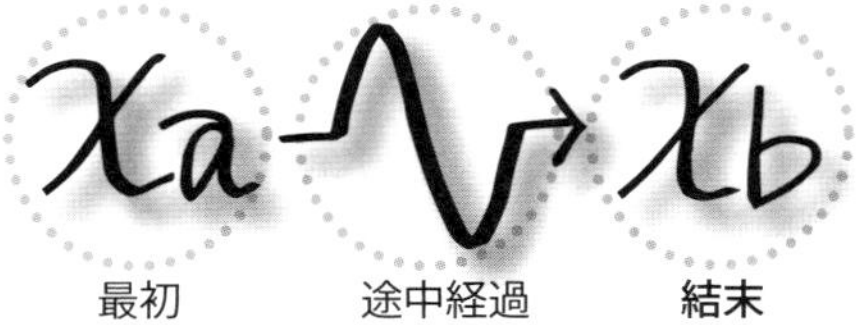

・基本：⓪→①→②

「海の絵を見て海を見に行く物語」だ。これを**基本の物語**とする。

・［→］の省略：⓪→②

途中の街を行く①を省略しても、**「海の絵を見て海を見に行く物語」**は失われない。①で期待する**じらしの効果**は失われる一方で、**物語のリズム**は早くなる。

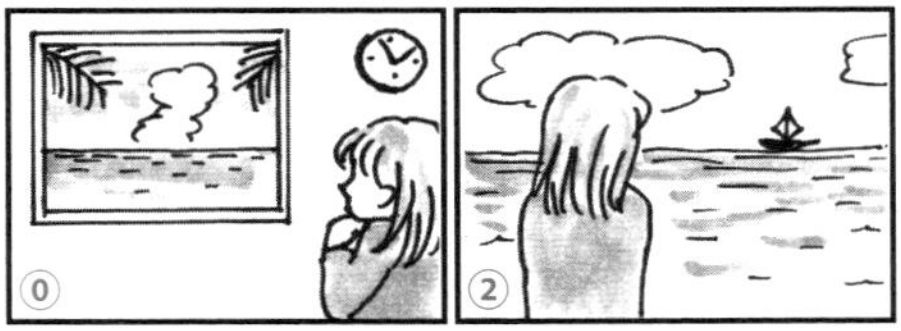

・［→］と［Xa］の省略：②

結末である②のカットだけにしても、**「海を見ていた物語」**という状態は残る。ただし、**変化やじらしはなくなる**。

このように省略を効果的に使うことで、テンポよく物語を伝えることができる。

ワンモアアドバイス

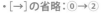

全体に戻ってつなぎ方を見直そう

どの映画でも通じるカットのつなぎ方の順番はない。それぞれの映画にとって良い方法があるだけだ。従ってどのようにつなぐか迷ったら、映画全体にまで戻って、幕→エピソード→シーン→カット割りと、全体から細部にトップダウンで見直していくのが、効果的なつなぎ方を見出す近道だ。その結果、単純な省略方法が見つかることも多い。細部のみを見て技巧を凝らした細かなつなぎをするより、観客に効果的に届く編集になる。（TAKE22・コツⒷ）

TAKE 15

ショットとカットを知って撮影から編集をスムーズに

コツA

ショットは撮影動画のこと

撮影時の動画のことを、**ショット**と言う。シーン全体などを通して撮影する**長いショット**もあれば、使うと想定される部分だけを撮影する**短いショット**もある。短いショットはほぼカット（TAKE12）と同じ長さになる一方で、長いショットはそこから使用する部分を切り出してカットを作ることができる。
次に、ショットの種類と役割について述べる。

●マルチカメラ撮影

1シーンを**複数のカメラで撮影**したショットのこと。同じ動きなので、タイムラインに並べておいてどこで切り替えても自然につながる。編集ソフトにマルチカメラ撮影素材を編集しやすくする機能があることも多い。

●マスターショット

シーン全体を語るために撮影されたもの。登場人物が全員映るロングサイズのことが多いが、あえてアップや望遠レンズで巧みにシーン全体を撮影することもある。

●カバレッジ

マスターショット以外に、各登場人物の表情・動きを狙ったショットや風景や物のアップなどのこと。カバーするショットの意味だ。

●インサートショット（インサートカット）

特定の部分で挿入することが目的のショット。例えば、手紙や時計などの特定の小道具や、 画面など。主人公に見えているものを撮影する**見た目ショット**のことも多い。

●エスタブリッシュショット

状況説明ショット。シーンの状況や人物の位置が分かるもの。

●捨てショット（捨てカット）

編集で**素材**が足りなかったときのために、保険で風景や人物が映っていない小道具などを撮影したもの。編集で間を作ったり、わざと表情を見せないために使ったりすることができる。

Information

◆ぶん回し・長回し

役者がシーン全部を演じ、それをさまざまなアングルから撮影する方法を、俗に**ぶん回し**や**長回し**と呼ぶ。俳優が途切れず演じられるので負担が少なく、撮影時間も少なくてすむことが多いので、よく採用される撮影方法だ。最初にマスターショットを撮影して、人物の動きやタイミングを決め、その後にそれに矛盾しないようにさまざまなアングルで撮影することが多い。

◆カットごとの撮影

ぶん回しに対して、映画の出来上がりを想定して、使用する**カットごとに撮影**する方法もある。アニメや3DCGなども使用カットだけを製作するので、同じような素材になる。**カットごとに撮影する**場合は、さまざまな物の位置や人物の動きや演技がカットごとに**矛盾しやすくなる**ので、注意が必要だ。編集では素材が限られるため、矛盾を目立たせなくすることが比較的難しくなる。

POINT 撮影時の動画をショット、そこから切り出して編集素材としたものをカットと言う。それぞれに、さまざまな種類と役割がある。それらを知って、的確な編集ができるようにしよう。

コツB

カットを並べて編集する

撮影時の動画の単位である**ショット**を、編集時に切り分けて**カット**を作る。この**カットを、見せる順番に並べるのが編集**だ。状況説明のためのものや表情を見せるもの、表情を見せないものなどのカットを作り、並べていく。

●ワンカットや長回しとは

マスターショットだけでシーンやシークエンス全体のカットとする手法を、**ワンカット**や**長回し**と言う。もちろん、撮影時にワンカットや長回しを目的に撮影されたショットでも、カットを分けて構成することも可能だ。

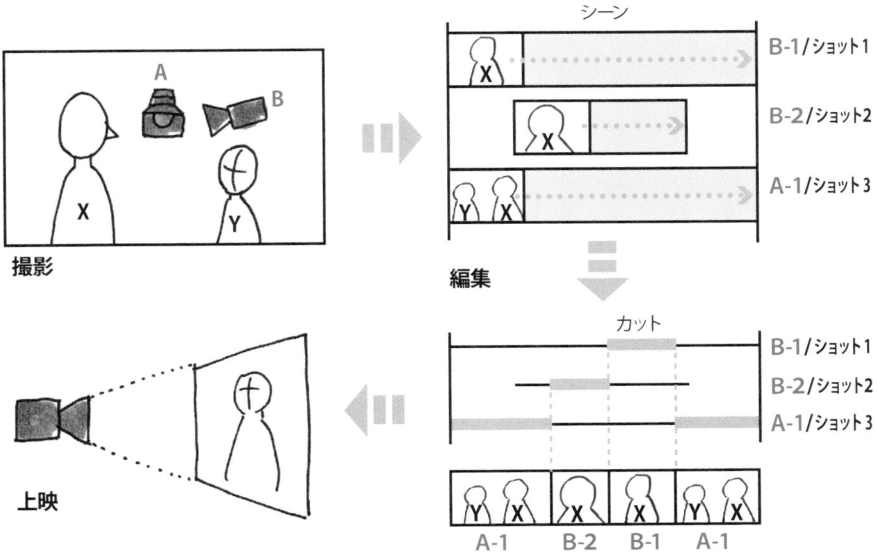

ワンモアアドバイス

編集方針の違いと俳優の演技

ハリウッドでの大作映画は、撮影素材が100時間を超える。これは制作費が巨額で最終編集権が監督以外にもある体制で、編集でどのような味つけにも変更できるようにするためだ。さまざまなニュアンスの演技を収録してどれを使うかを編集で決める方針なので、別テイクの撮影でも同じ演技をするとＮＧになる場合もある。逆に比較的低予算で収録素材に限りがある作品では、テイクごとに演技を変えるのはつながらなくなるためご法度になる。

TAKE 16 画面サイズとインサートカットで登場人物の内面を描く

コツA

画面範囲で違う映像の呼称

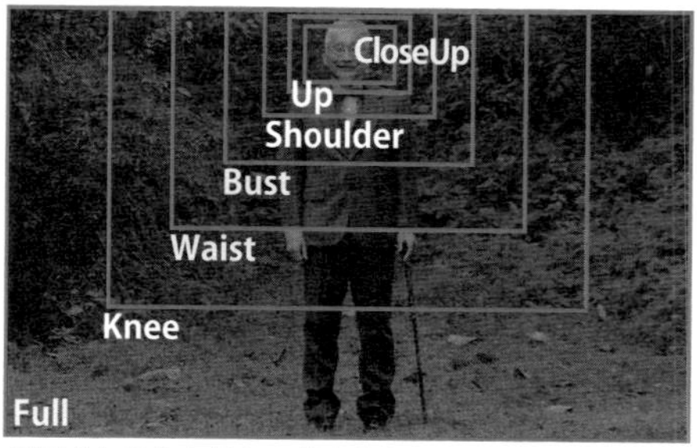

映画『あはらまどかの静かな怒り』監督／衣笠 竜屯

映像は、画面に映っている範囲で呼び方が変わる。編集素材を指し示すときに必須だ。

・ロング/Long：遠景、引き画
遠くから小さくとらえる。画面内に小さな要素が多くなりがちで、観客がカットの内容を認識するためには長い時間が必要になる。

・アップ/Up：大写し
人物の一部や物を画面に大きくとらえる。さらに大きくはクローズアップ/CloseUp、ビッグクローズアップ/BCU（接写）など。要素が少なくなり、内容を早く認識できる。

●人物は身体の部位を元に独自の表現

バストやショルダー以上のサイズを**アップ**と表現することが多い。**クローズアップ**は顔全体、**ビッグクローズアップ**は目など、どこかの部分の大写しの場合が多い。

・ショルダー/Shoulder：肩から上
・バスト/Bust：胸から上
・ウエスト/Waist：腰から上
・ニー/Knee：膝から上
・フル/Full：人物全体が画面に収まっている。

Information

◆目が重要

登場人物を見るとき、**観客がまず見るのは顔**だ。また、顔の中で**一番見られるのは目**だ。観客は人物が何を見ているかで内面を想像するので、目の黒目の位置、つまり**視線がどこを向いているか**、という情報が、物語るために重要になる（TAKE11・TAKE17）。観客は無意識に視線情報を探していることを前提に、ビッグクローズアップで強調、あるいは逆にわざと見せないで想像させ、じらす編集もできる。

◆編集でシーンを演出

視線をそらす**A**に対して**B**が「好きです」と言うシーンで、次の２つのカットつなぎを想像してほしい。
・①**A**視線がそれているカット→②**B**が言う
・①**A**の視線が見えないカット→②**B**が言う→③**A**の視線がそれているカット
Aが考えていることを観客が想像するタイミングが違い、語り口や面白さが異なる。その時の**サイズやアングル**は、編集による演出でのポイントになる。

POINT
映像には、映っている範囲やサイズによって違う呼称がある。アップとロング、そして人物を被写体とする場合のウェストなど。インサートカットの利用などは、編集における演出で重要だ。

コツB
インサートカットを活用

重要な細部などを示すために挿入されるカットを、**インサート**（挿入）**カット**と言う。登場人物が見ているものや、セリフに関連する情報などを挿入する。編集をしながら、観客にとって分かりづらいと感じたら検討しよう。例えば、ある人物についての説明時に、その人物の顔を挿入するなどだ。またカットを直接つなぐと位置関係などの違いで不自然になる場合、その間に無難なインサートカットを入れてごまかすこともできる。

●短い回想を挿入するフラッシュバック

インサートカットとしてよく利用される**フラッシュバック**。回想全部を言うこともあるが、厳密には短い回想を挿入することを言う。

●編集ソフトで長さを操作する

編集ソフトのタイムラインでは、インサートするカットを上のトラックに配置すると、位置や長さなどの調整がしやすくなる。下のトラックにあるカットは、観客に隠される部分が出てくるので、そこで２つに分けて間を延ばすなど、全体の長さ・タイミングを調整することができる。

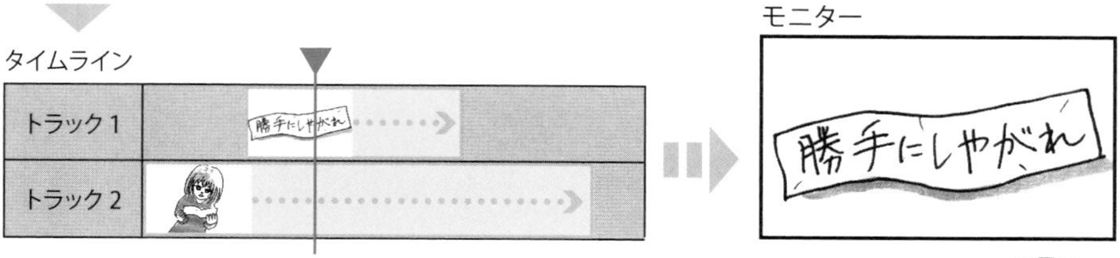

ワンモアアドバイス

ロングサイズで登場人物を目立たせた色

ヒッチコックは『裏窓』('54米)で、ある婦人の行動をロングサイズで見せねばならなくなった。そのままでは、観客がその婦人がいることに気づかない。そこで緑のドレスを着せた。レンガ造りの茶色い街の中で、小さくてもその婦人の行動に観客は気づく。当時は衣装と照明とフィルターで作り出したのだが、今では後処理のカラーグレーディング（CHAPTER3）で行うだろう。技術は違えど、ロングで色を活用するという映画技法は引き継がれている。

TAKE 17

イマジナリーラインを使って登場人物の関係を見せる

コツⒶ

イマジナリーラインを意識する

登場人物が何を見ているかが推測できれば、アップカットをつなぐだけでも内面が想像できる（TAKE10）。そのときに欠かせないのが、**イマジナリーライン（想定線）**という考え方だ。

●180度ルール

撮影時に２人がいるシーンで、この２人を通って想像上の線を引く。これがイマジナリーライン（**I.L.**）だ。カメラはこの線を越えないように、つまり線の片側の180度内で撮影する。

●I.L.を越えると混乱

それぞれのアップカットでは、視線の方向が混乱することはない。しかし、**I.L.** を越えたカット③′が挟まると、観客は混乱する。

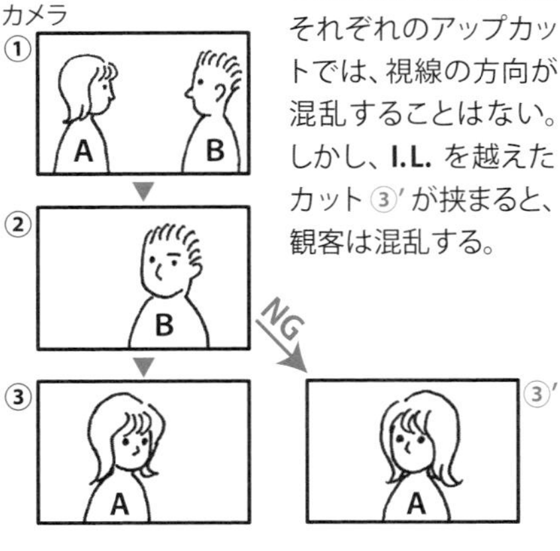

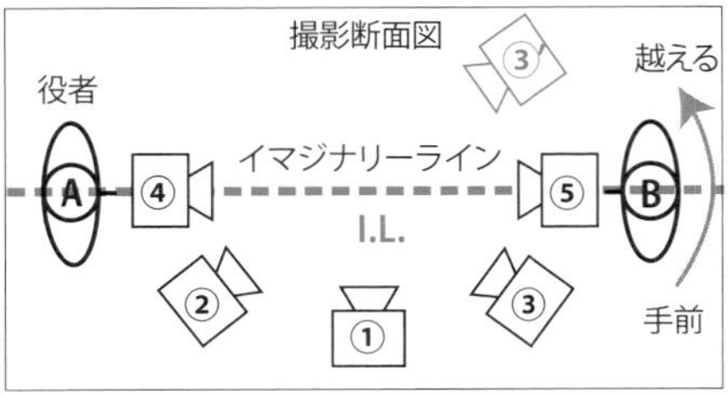

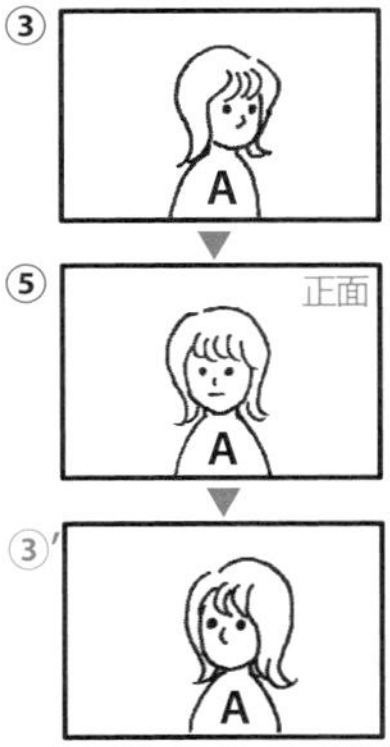

●I.L.を越えてしまったショットが届いたら

見ている向きの混乱を防ぐために、**カメラが動きながらI.L.を越えていくショットや正面からのショット**がないか探そう。それを間に挟むことで、**I.L.** を越えたカットを自然につなぐことができる。

●素材がない場合の対処

I.L. を越える途中や正面のショットがない場合、**映像の左右を反転させる**手がある。短いカットなら気づかれないかもしれない。また、何らかのインサートカットを挟むことで、違和感を和らげることを考えよう。

Information

◆30度ルール

イマジナリーラインの180度ルールと似た名前で、**30度ルール**というのがあるが、まったく目的が違う。撮影サイズを変えない場合、被写体から見て**30度以上の角度へカメラを動かせばつながりが自然になる。**逆に、同じ被写体を同じサイズで同じ角度から撮影したショットをつなぐと、時間が飛んだように感じられる。カットのつなぎは、大きく変えたほうが自然だ。

◆もしも不自然なショットが届いたら

30度ルールは、カメラが小さくなった今では、昔ほど意識することはない。逆にこの不自然さを生かした演出もあるが、自然につなぎたいのなら30度ルールは覚えておきたい。もしも撮影に不慣れな現場から、同じアングルで同じようなサイズのショットが編集に届いたときは、画面を拡大（**クロップ**）してサイズを**Up**に変えてつなぎの不自然さを緩和する方法がある。

POINT 登場人物をつなぐ想像上の線、イマジナリーラインを知っておこう。これが登場人物の視線を観客に伝え、お互いの心情を感じさせて物語を作り出す。わざと間違える技法もある。

コツB

「何を見ているか」をコントロール

何を見ているかで、感情が変わって見える。背景でバレないなら、**I.L.** を使って何を見ているか、つまり**「何を感じているか」**をコントロールすることができる。

●視線で変わるシーンの意味

登場人物**A**と**B**が**「愛してる」「... 知ってる」**という同じ会話をしている。この**Up**をつなぐだけだが、次の３つの視線方向、それぞれを比べてほしい。観客が想像する感情が違い、意味や味わいが違ってくる。

A「愛してる」　**B**「…知ってる」

1
2
3

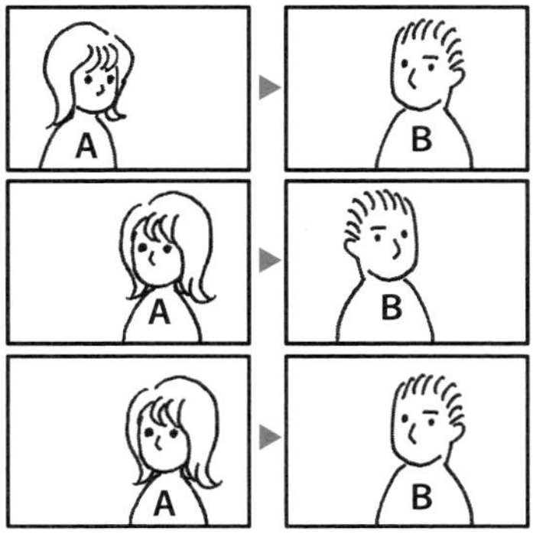

●ミスリードを誘う

わざと **I.L.** を間違える技法も生まれた。**A**と**B**が互いに愛し合っているように見せかけて、最後の状況説明カットで(1)**憎みあって目も合わせない**、というオチにつなげる例だ。

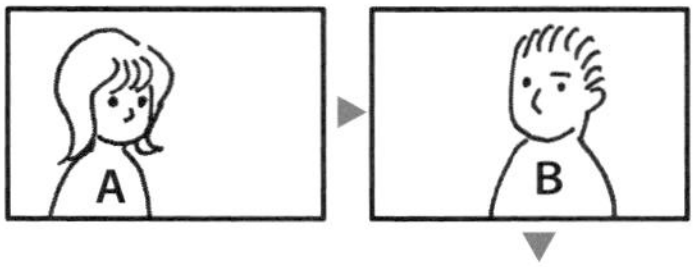

また、ほかにも(2)**同じ何かを見ていた**、というオチや、もちろん(3)**お互いを見ている**、なども考えられる。

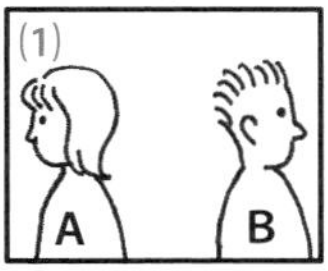

●I.L.と状況説明カット

視線から想像する２人の位置関係は、基本的に上記の文とイラスト(1)(2)(3)に表す３種類だが、視線を合わせているように見せかけて実は、(4)**遠く離れたそれぞれが孤独だった**、というオチもあり得る。

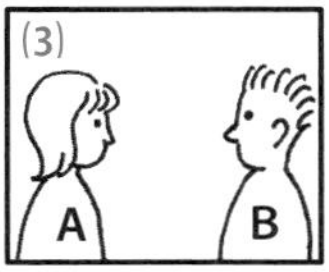

ワンモアアドバイス

左右と下手・上手（シモテ・カミテ）

撮影現場では、左右の代わりに下手・上手という言い方をすることが多い。舞台用語で客席から見て左を下手、右を上手という。舞台上の俳優や裏のスタッフから見ると逆になり、立ち位置で左右を混同しないように使われる。映画では、画面の右が上手、左が下手だ。昔からよく言われるのは、上手は強く権威のある者、下手は弱い者がいることが多い。主人公は下手から現れ、神や怪物は上手から現れる。またトーク番組では、どの国でも司会者はたいてい上手だ。

TAKE 18

切り返し（リバースショット）を利用して臨場感を出す

コツA

切り返しを使い観客を巻き込む

２人の人物が見合ったり会話したりしているときに、**それぞれのアップを交互に見せていく編集**を**切り返し**と言う。撮影時には一方の人物を撮ってからカメラを反転し、対する人物を撮るので、**リバースショット**とも呼ばれる。

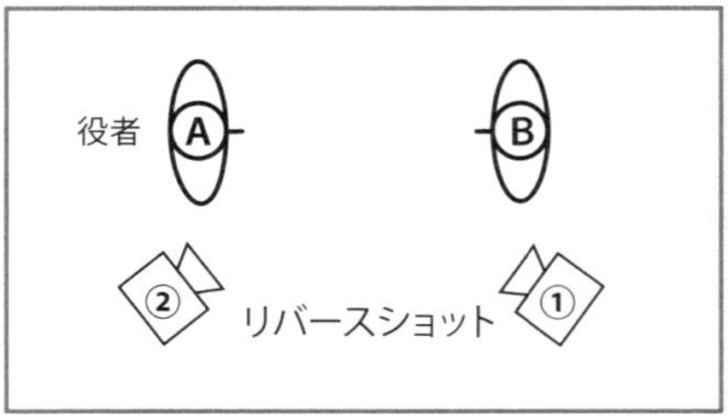

●それぞれの素材から世界を作る

素材としては、**A**と**B**それぞれの人物を撮った２つ以上のショットが必要だ。芝居のタイミングに合わせ、**どこで切り替えるか**決める。複数のカメラを使って同じテイクを収録したマルチカメラの素材なら、お互いの芝居は正確に同期しており、どこで切り替えても動きがつながる。別々に撮影した場合は、**A**と**B**の芝居のタイミングを調整しながら編集する必要がある。

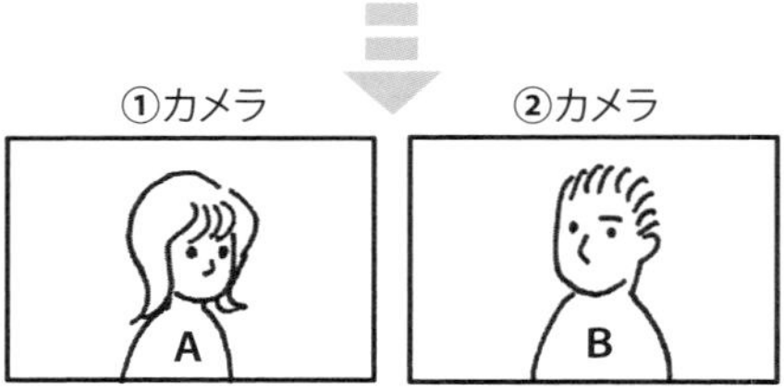

●アクションシーンでも使える

切り替えのタイミングは、**リズム**や**じらし**などを考慮して決める。会話だけではなく、2人に何かの交流や関係さえあれば、切り返しは成立する。殴り合いのような**アクションシーン**でも使える。

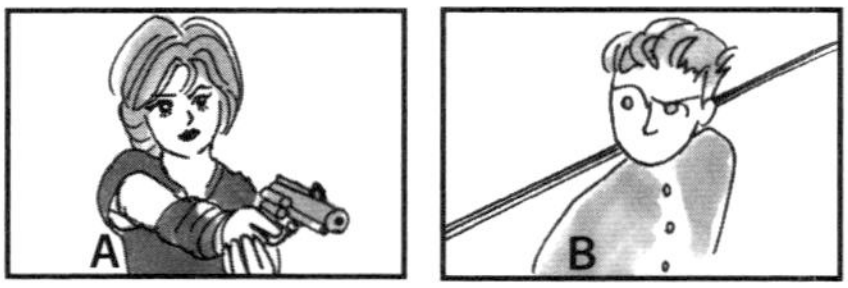

Information

◆切り返しかワンカットか

２人の交流を細かく刻んでつなぐか、カットを切らずに長いマスターショットで見せるか。編集者は、**どのようにシーンを見せるのか**を決めなければならない。刻んだ方がリアクションを見せられるが、人工的に見えがち。どれがこの映画にふさわしいだろう。デジタル編集なら、編集結果を残して別バージョンの編集をし、時間を空けて冷静になってから仲間と一緒に比較して決めることができる。時間さえ許せば、納得いくまで直すことは可能だ。

◆物語の目線で見直す

最初はマスターショットを使って全員を見せておき、何かのきっかけで何人かの切り返しに移行、やがてそのシーンのクライマックスで主人公単体のクローズアップに移り、主人公のアップで終わる、などということもできる。つい凝ってしまうものだが、大切なのは、それがその**映画の物語に役に立っているのか**どうか。編集直後に残る疑問を、時間を空けて見直す。編集は世界を作りあげる作業だ。その重圧に耐え、良いものを作り出そう。

POINT 切り返しは、２人の登場人物のやりとりを、表情を見せながらつなぐ方法のひとつだ。会話に限らずアクションシーンにも使えるし、基本を応用すれば多人数を扱うこともできる。

●タイムラインでの編集

切り返しの編集は、編集ソフト上の**タイムライン**に素材を並べて行う。マルチカメラで収録した素材なら、音などを元にタイミングを合わせて同期させておく。切り替えるタイミングで**切れ目**を入れ、必要のない部分を**オフ**にする。編集ソフトによっては、同様の機能をマルチカメラ編集などとして使いやすくしているものもある。

●別テイクの場合は工夫を

別テイクの場合、素材を並べても、芝居の**タイミングがずれる**のは仕方がない。オフにした部分で調整して、オンの部分が不自然にならないようにする。このときも、**セリフなどがあればタイミングの目安**になる。

コツB

肩なめをするかどうか

切り返しを撮影する場合、画面の端に手前側の人物の肩や後頭部、腕などを入れることもある。いわゆる「**なめる**」「**〇〇なめ**」と呼ばれる技法だ。臨場感やつながりの感じられる雰囲気になる。

●臨場感か人物か

切り返しの際、両方を相手なめのショットを使うか、それとも両方ともなめていないものを使うか、それとも片方だけをなめたものを使うか。**臨場感はなめた方**があるが、**人物を浮かび上がらせたいなら単体**がよい。例えば、そのシーンの主役のクライマックスでは、単体のショットが使われることが多い。

●つながりに注意

単体の素材は、相手役の芝居が写っていないので、どこでもつなげることができる。一方、相手なめショットは、切り替えたいタイミングで動きがつながらない場合もある。どうしてもつなげたい場合は、画質は落ちるが、映像を拡大（**クロップ**）して、なめた人物を画面の外に追い出すという方法を使うしかない。

ワンモアアドバイス

切り返しの応用

切り返しは、長いワンカットのマスターショットと併用できる。マスターショットからだんだん切り返しに移行したり、戻したり。つまり大群衆から始めて、その中の２人のやりとりを観客だけに見せたり、逆に２人のやりとりから引いて、大群衆に埋もれさせたりできる。また、２人のやりとりに限らず、３人以上でも利用できる。応用範囲の広い基本技のひとつだ。

TAKE 19

つなぎ方を工夫して動きのあるカットを作ろう

コツA

アクションつなぎで印象を操る

動きのどこでつなぐかで雰囲気が変わる。手を上げるカットをつなぐ場合で考えてみよう。

①動いた後の止まった部分でつなぐ
動きが終わり、静止した部分でつなぐことで、後の手を上げた様子に重みがつく。

②動きの途中でカットをつなぐ
流れはスムーズでカットを意識させない。動作（アクション）の途中でつなぐので、**アクションカット**、**アクションつなぎ**と呼ばれる。スムーズな分、メリハリはない。

③動きの一部を飛ばしてつなぐ
カットの変化が目立ち違和感がある分、メリハリがつく。

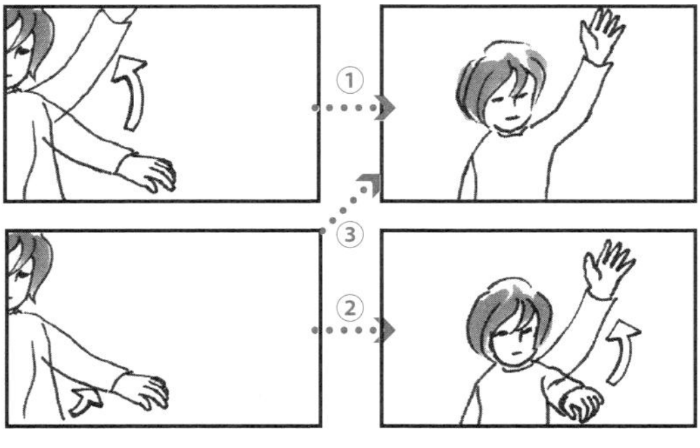

●動きのつなぎ方のポイント

同じシーンを撮った２つのショットがある。座った人が立ち上がり、歩いて行く。

・**カット1**（Long）

・**カット2**（Up）

●どこでつなぐかの工夫が必要

つなぐコマは、動きの中で同じ姿勢の部分を使うと、カットをつないだことが意識されないほどなめらかに見える。一方で、動きの印象は薄まり、繰り返すと退屈になることもある。**動きの始まり、真ん中、終わり**のどこでつなぐかでも印象が変わる。

Information

◆カットの最初と最後は印象に残る

カット頭とカット尻は印象に残りやすい。**印象に残したい部分で、カットを始めたり終わらせたりする**ことを意識しておこう。必要な画の後も動きがあるからと長くつないでしまうと、ダラダラとして印象が残らない。勇気を出してカットしてみよう。その部分全体が締まってくるだろう。またシーンやシークエンス、映画全体の最初のカット頭や最後のカット尻は印象を決めるため、さらに重要になる。

◆トバシとダブリがアクションシーン編集の要

数コマのトバシとダブリを学ぶためには、自分の好きな映画の格闘場面を音を消してスロー再生で見てみよう。一番良いのは、使っている編集ソフトに動画を取り込んで分析してみることだ。通常再生では気づかなかったトバシやダブリがあることに気づくだろう。そして、それとの組み合わせで**アクションつなぎ**がうまく使われて、**メリハリとスムーズさを両立**させていることが理解できる。

POINT 編集では、動作や動きの途中でつなぐことも多い。その場合、演出効果を高めるためにいくつかの重要なポイントがある。アクションつなぎ、トバシ、ダブリという技法だ。

A

・カット1
立ち上がる途中

・カット2
立ち上がり、手前に歩いてくる

B

・カット1
立ち上がる途中

・カット2
手前に歩いてくる

●アクションつなぎでなめらかに

Aのように、動きの途中でつなぐのを、**アクションつなぎ（アクションカット）**と言い、カット変わりを意識させない。言葉は似ているが、アクションシーン（格闘場面）とは無関係。

コツB

トバシ・ダブリで際立つ動き

動きのつなぎでは、**トバシ**や**ダブリ**といった技法を用いた演出も可能だ。どちらも数コマのごく短い場合は違和感が少なく、動きを際立たせる。

●トバシで印象が強くなる

Bのように、つないだ後の動作を、つなぐ前の動作から**数コマ飛ばしてつなぐ**技法。例えば、立ち上がって歩こうとするカットに続けて、歩き出した後のカットをつなぐ。その部分だけ見ると不自然かもしれないが、シーン全体で音をつけてみると、なじんでむしろ**動きの印象が強く**なる。

●ダブリで目立たす

トバシとは逆に、つなぐ前のカットと後のカットで、歩き出す**動きをだぶらせ**たり、立ち上がる**動作をだぶらせ**たりする技法。**動作が強調される**分、ダブリはトバシよりも目立つ。ただしダブリが長い場合は、狙いを明確にしないと観客の違和感だけが残ることになる。

ワンモアアドバイス

長いダブリとスローモーション

『さよならエマニュエル夫人』（'77仏）のラストカットは、振り向いて去る主人公の長い動作のダブリを4度繰り返す。長いシリーズ最後の挨拶として、強い印象を残している。またこの場合、普通のカットに1箇所スローモーションのカットを入れる技法を組み合わせている。これは、トリュフォー監督『あこがれ』（'58仏）のサドルや、黒澤明監督『七人の侍』（'54日）の立てこもり盗賊の死などでも使われた技法で、ダブリと同じように違和感で強く印象を残す。

TAKE 20

物語のテンポを決める フレームインとフレームアウト

コツA

映画はフレームで考える

映画は、**四角く区切られたフレーム**でできている。フレームの外側は見えない。この特徴を利用して、カットをつなぐ位置を考えよう。

●フレームインとフレームアウト

フレームイン：人物がフレームの外から入る▼

▲フレームアウト：人物がフレームの外へ出ていく

●組み合わせを考える

［空舞台→人物がフレームイン→画面の中で演技→やがてフレームアウト→最後は空舞台］という撮影ショットがあったとする。どこを使うかで、さまざまなカットが作れる。始まりは空舞台からか、人物のフレームインからか、画面の中に登場した後か。終わりは人物が画面の中にいる部分か、フレームアウトか、その後の空舞台か。最適な組み合わせを。

●テンポを考えて大胆に

編集の初心者は、始まりはフレームイン、終わりはフレームアウトとしがちだ。しかし狙いもなく全部がそれだと、意図していないテンポになることが多い。**大胆に長くしたり短くしたりする方法**に慣れよう。

・**空舞台**（からぶたい）：背景のみで人物がいない

・**板つき**（いたつき）：最初から人物が入っている

Information

◆動きの扱いを工夫してテンポよく

動きを見せない方が、テンポよく見えることが多い。初心者は動きを多く入れたくなるが、むしろ動きを長く見せないでカットしよう。すると必要な情報だけが残り、物語がより鮮明に伝わる。**人間は必要な情報だけに絞られ整理されたものを好み、美しいと感じる**。これを利用して、物語るために**必要な要素だけに整理し、不要な情報を削る**のだ。

◆カットできる動きとは

では、動きのどこをカットできるだろうか。その順番は物語と同じで、**中間＞最初＞最後**の順で**省略**できる（TAKE14）。手を上げる動作なら、最後の手を上げた後さえ画が残れば、上げる前、上げる途中は削除可能だ。最後さえ分かれば、何が起こったかは理解できる。何を伝えたいかを考え、**不要な動作は思い切ってカット**しよう。

POINT 映画は、フレームに囲まれている。フレーム内に人物がどのように存在しているか、フレームインとフレームアウトを意識しよう。するとカットをどこで始め、どう終わるかが見える。

コツB

フレームを意識した動きのつなぎ

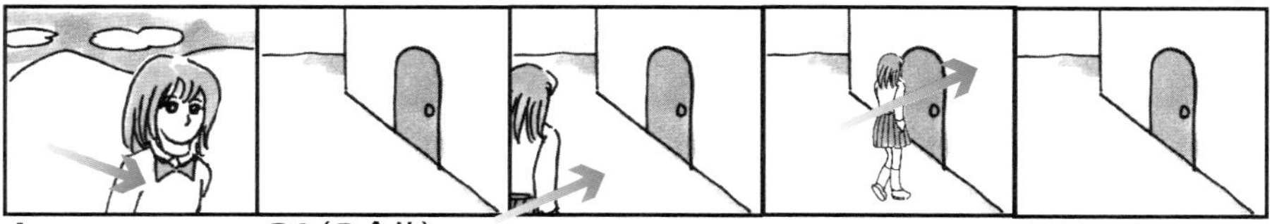

●つなぎ方とその効果

画面手前に人物が歩いてくる**ショットA**と、その人物がフレームインして建物の扉の中に入る**ショットB**という2つの素材がある。

・A→B1：**扉に入っていくところにつなぐ**。人物の動きをテンポよく見せることができ、スムーズにつながる。

・A→B2+B1：**人物フレームインから扉の中に**。人物の動きを全部見せてしまうパターン。テンポが悪くなりがち。扉に近づく心理を想像させたいなど**狙いがあればよい**が、無意識にこればかりでつなぐのは避けたほうがよい。

・A→B3+B2+B1+B3′：**空舞台を長く見せる**。人物が扉に入る前、入った後で長く空舞台を見せる、いわゆる**じらし**だ。演出によって、空舞台の部分で観客に何かを想像させることが多い。例えばカット最初の空舞台で、不気味な音楽や人物の足音が聞こえてくる。カット終わりでは、扉に入った後に内側で誰かが倒れる音。また、ここまでの物語で不安や予感を暗示させるなど。

ワンモアアドバイス

フレームの外を使った演出

カウリスマキ監督『浮き雲』（'96 フィンランド）冒頭に、フレームを利用して物語を想像させる演出がある。最初のカットは、レストランの厨房でナイフを構えたシェフが酒瓶からラッパ飲みしている様子。次のカットで切り返し、それを見ている警備員と女支配人。そこからだ。警備員、シェフのいる方向にフレームアウト→しばらくして手を押さえ後ずさりしてフレームインで戻る→支配人つかつかとフレームアウト→ドタンバタンと音→おとなしくなったシェフとナイフを持った支配人がフレームイン。

TAKE 21

つなぎ方を変えれば物語も変わる

コツ

編集が作る物語

同じ素材であっても、どこをどうカットしてつなぐかで、違う物語を生むことができる。以下に例を紹介するので、考えてみてほしい。

●手を握る物語

［素材］ **ショットA**（手の Up）

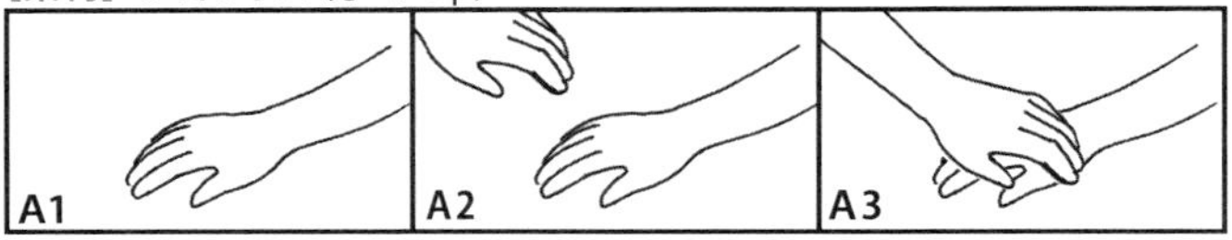

手が置かれている　他の手がフレームイン　手が重なる

［素材］ **ショットB**（Up）　**ショットC**（Up）

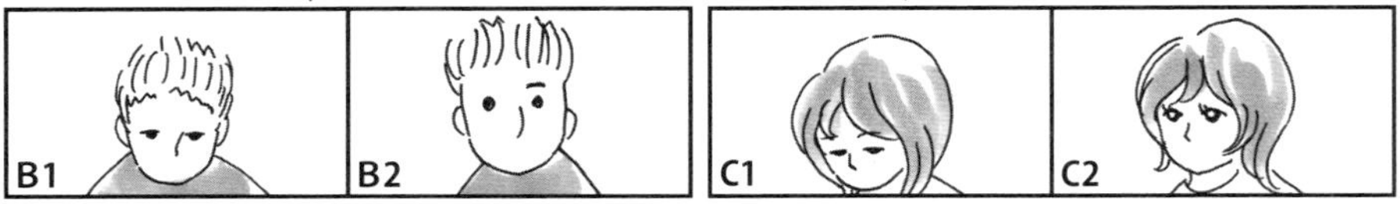

顔を上げる　見ている　顔を上げる　見ている

［編集バリエーションA］ **A1〜3：**手が握られる→**B2：**見ている→**C2：**見ている

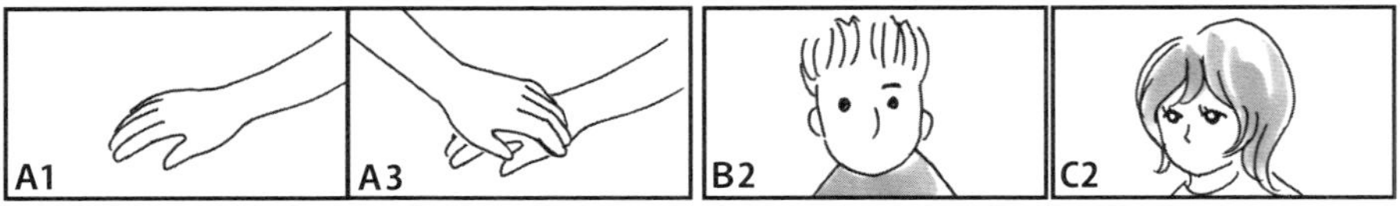

［編集バリエーションB］ **A1→2：**他の手がフレームイン、途中カットして、手がどうなるかはまだ見せない
C1→C2：謎の手に気づき、顔を上げて相手を見る　**B2：**中断して　**A3：**じらせた手でオチにする

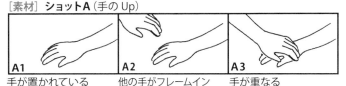

Information

◆カットの一致

カットが切り替わった時、同じシーン（連続した時間、場所）ではさまざまなものが一致している必要がある。例えば、夏の並木道が次のカットで秋の紅葉になると、観客は混乱する。昼・夕方などの説明や、人物や駐車の位置、たばこの長さ、食べ物の量など、**矛盾することのないように**編集する。

◆人物の一致

人物も矛盾なく一致させよう。各ショットで人物の動きやタイミングなどが異なるが、編集後は位置や動き、視線や演技、外見が矛盾なく見える必要がある。どこで何をつなぐかだ。矛盾したときの対策は、**①使う部分を変える ②トバシやダブリを使う ③インサートカットを入れる ④不一致を逆に利用**、などがある。

POINT 同じショットであっても、どこをカットしてどこからどこにつなぐかで、違う物語になる。名作と呼ばれる作品を分析してノウハウを身につけ、物語の編集方法を身につけよう。

●歩いてくる二人が、もう一人に出会う物語

［素材］**ショットA**（**a** の Bust）

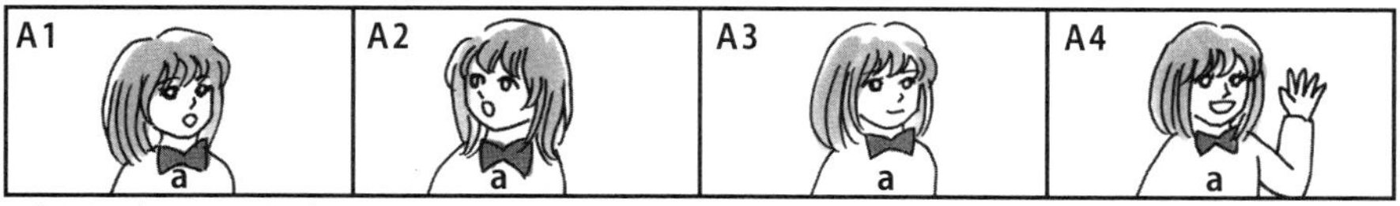

a 歩きながら上手に気づく　次に下手を見る　こちらを見て　手を上げて挨拶

［素材］**ショットB**（来る **b**）

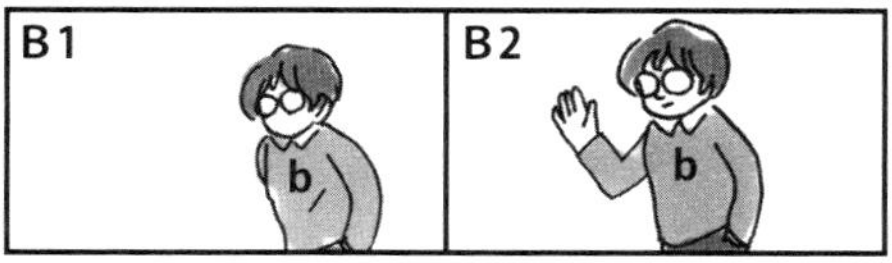

b 歩いてくる　手を上げて挨拶

ショットC（**c** の Waist、**a** なめ）

c が **a** の斜め後ろを歩いている

［編集バリエーションA］**C1：a,c** 歩いてくる→**B1〜2：b** 歩いてきて挨拶→**A4：a** 手を上げ挨拶

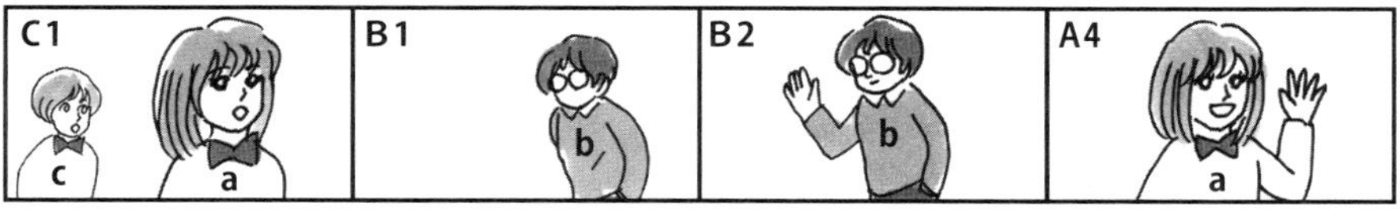

［編集バリエーションB］**A1：a** 歩き気づく→**B1：b** 歩いてくる→**A2：a** 振り返る→**B2：b** 挨拶→**C1：a** の奥の **c** 見ている

▲ **c** の存在を隠して、**a** の視線で謎かけをしてじらす

ワンモアアドバイス

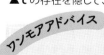

さまざまなシーンを分析しよう

気になる映画に出会ったら、編集ソフトにDVDや動画ファイルを読み込んで分析してみよう。ソフトによっては、自動的にカットごとに分けてくれる機能がついているものもある。ひとコマひとコマ確認しながら、編集の狙いを探るのだ。私も最初の頃に『ジョーズ』('75 米）や『スター・ウォーズ EP4』('77 米）などをDVDから読み込んで分析したのは大変勉強になった。両作品とも、編集者は天才的だ。語り草になっているような古典的作品は、はずれがない。

TAKE 22

リアクションのつなぎ方が観客の印象を左右する

コツA

アクションとリアクションで語る

映画は、**アクション（行動）**と**リアクション（反応）**で語られていく。観客の印象に残るのは登場人物の行動だが、その印象は、行動そのものではなく、**行動に対する反応**次第で左右される。

●ボケとツッコミ

漫才のボケとツッコミで考えると分かりやすい。**ツッコミ（反応）**があって初めて、**ボケ（行動）**が分かり生きる。映画でも、セリフや行動、視線など、何を見せるか見せないかで変わる。

●行動と反応、つなぎ方による印象の違い

ここでは分かりやすいように、2人の人物の切り返し編集を使って説明する。もちろん会話だけではなく、何かを見たときのリアクションや、自分自身の言動に対するリアクションもこの考え方で応用できる。

音／**A**：あなたが好きです。

↓**A**喋るアクション　↓**B**にっこり聞くリアクション

・① じらさない

↓**A**喋る　↓**A**どうかな？と心配　↓**B**にっこり聞く

・② **A**でじらし

↓**A**喋る　↓**B**驚く　↓**B**にっこり

・③ **B**でじらし

Information

◆編集での演技の見方

編集では、それぞれのテイクにおける俳優の演技を見ていくことになる。会話シーンの場合、セリフを口にしている俳優だけをつないでいくと、無味乾燥な編集になる。映画のシーンを分析するとよく分かるが、俳優の内面が動くのは、相手のセリフを見聞きしているときにほかならない。また、セリフそのものの意味も、俳優のアクションやリアクションで深まる。素晴らしい仕事ほど、**セリフの中にさまざまな意味や感情が重なったり、本心でなかったりする**。

◆編集は協働作業の最後の要

各キャラクターのアクションやリアクションを、脚本や演出など各パートの仕事を踏まえて読み解き、役の解釈に注目できると、その役の魅力を編集によって引き出せるようになる。俳優のちょっとした動きでつなぎ方が制限されて、イライラを感じることもあるだろう。しかし、逆にそれをキャラクターの魅力のひとつにできるかもしれない。**思い込みを捨てよう**。企画、脚本、演出、撮影、俳優とみんなで作り上げて来た物語で、**編集は最後の重要なパート**なのだ。

POINT 映画は、キャラクターのアクションとリアクションで成り立っている。観客の印象に残るのはアクションだが、印象を左右するのはリアクションだ。つなぎ方に迷ったら、全体から見直そう。

コツB

全体から細部へ物語る

編集を行う際、どの素材を生かしてつなぐかを決めるのは、**「今ここ」**で**何を物語りたいか**による。そして**「今ここ」**の物語を決めるのは、全体の物語の内容次第だ。

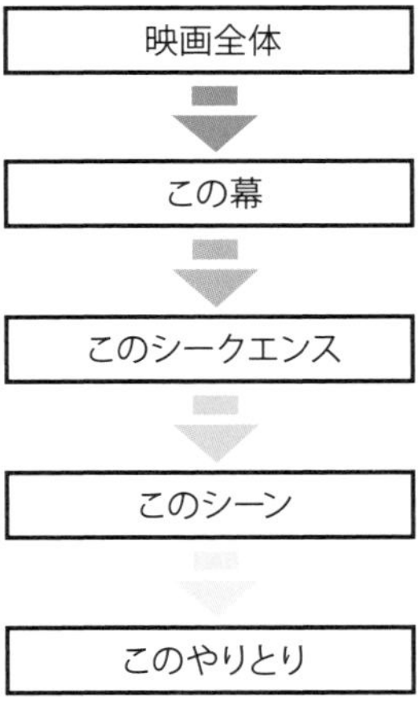

のように全体からトップダウンで考えると、**「今ここ」**で必要な物語が見えてくる。

●「今ここ」を考えるヒント

・物語［Xa→Xb］

ここでの主人公は誰か？
始まりと最後は何か？（どんな変化があるか？）
その変化の紆余曲折は？

・キャラクター

人物それぞれの目的・望みは何か？
それを何が邪魔しているか？
どう戦っているか？
それは成功か失敗か？

・謎とじらし

問題や不安や謎に観客が気づき、先が見たくなるか？
その解決を見たい気持ちを**宙ぶらりん（クリフハング）**にしてじらせているか？

●全体から見直す

ひとつのセリフを挟んだ2人の会話をどうつなぐか。先に示した例でも、映画全体の物語から**「今ここ」**で必要なものを割り出して決めなくてはならない。それでこそ、観客が最初から観てこの部分にたどり着いたときに効果的な編集ができ、また映画が終わった後でその部分が無意識かもしれないが**感動を作り出す機能**を果たす。これは、編集のすべてに言える。つなぎ方に困ったら、全体から見直そう。

ワンモアアドバイス

アクションとリアクションの演技

演技ができる俳優は、リアクション時にも気持ちが途切れず、矛盾のない演技をしている。かつて黒澤明監督は、会話シーンを撮影した後のラッシュ時に、相手役が聞いている顔のみで編集し、「会話の演技が成り立っていない」と俳優陣にダメ出しをした逸話がある。俳優の中には、編集時に何が起こっているか知らない人も多いし、リアクションは編集時にこそ気づくことが多い。機会があれば、編集で感じたことをチームそれぞれにシェアしてほしい。

TAKE 23

応用範囲の広いテクニック セリフのずり上げ・ずり下げ

コツA

画と音はずらせる

画と**音**のあるショットでは、**カットするタイミング**をそれぞれ別にすることができる。
①前の画で音が先に聞こえてから、その画になる（**ずり上げ**）。
②画が先に切り替わるが、音はそのまましばらく残る（**ずり下げ**）。
③画と違う音を入れる（セリフの場合は**オフゼリフ**などとも言う）。

●応用範囲は広い

画と音のずらしは、編集の重要なテクニックだ。会話シーンでのセリフのずらしだけでなく、**シーンのつなぎ**（TAKE27）で音をこぼす、**環境音**で場所を感じさせる（TAKE25）など、さまざまに応用できる。

●単調さを防ぐ

初心者の頃は会話シーンを話している顔だけでつないでしまい、単調になりがちだ。セリフを**ずり上げ・ずり下げ**たり、**オフゼリフ**などを使い、人物たちの**アクション・リアクション**を意識した編集が欠かせない（TAKE22）。

コツB

セリフのずり上げ・ずり下げ

話している顔には、あまり情報がない。長いセリフは、聞き流されて内容が理解されない。**ずり上げ・ずり下げ**を使うと、聞く側の反応で内容が分かり、さらに観客はその反応を自分の反応だと取り違えて**錯覚**し、テンポよく感じる（TAKE11）。

●謎かけ・謎解きも

わざと話している人物を見せないようにしておき、後に状況をばらすことで本当の意味を知らせる**謎かけ・謎解き**も可能だ（TAKE08）。

【例１】
①人物**A**のカットに、**B**のセリフ「**きゃあー！…助けて！**」がずり上がる。
② **B**、犬にじゃれつかれて困っている。
B「**…助けてよ、くすぐったい！あはは**」

【例２】
① **A**が叱り始め、セリフは次のカットへずり下がる。
②叱られている**B**。観客に見えない**A**の表情を見ている。
③言い終わった**A**。泣いていた。

Information

◆下手な演技のごまかし方
ここだけの話、特別出演などの要因で演技ができない人物が、重要な役や説明ゼリフを演じることがある。なんとかして編集で説得力を持たせなければならなくなる。そんな場合でも、**ずり上げ・ずり下げ**や**別の画**を使ってごまかすことができる。ほとんどを**リアクションの画**でつないでも、観客はあまり気づかず、その人物が感情豊かに話していたような印象が残るのだ。

◆リアクションがアクションを補う
具体的には、特別出演の役者の喋り出しや終わりだけ短く見せておいて、その間は**リアクション側の演技**の素材をつなぐ。仮に演技のない表情で棒読みのセリフの素材だとしても、画を**上手い役者のリアクションに差し替えて見せる**と、棒読みのはずのセリフに豊かな意味が感じられてくる。始めや終わりさえ特別出演の役者なら、観客の印象にはそちらが残る。覚えておいて損はない技だ。

POINT　映画は、画と音からできている。そしてこの２つは、カットするタイミングをずらすことができる。ずり上げ・ずり下げは、観客への情報を操作できる応用範囲の広い重要テクニックだ。

●自然につながる、音のずり上げ・ずり下げ

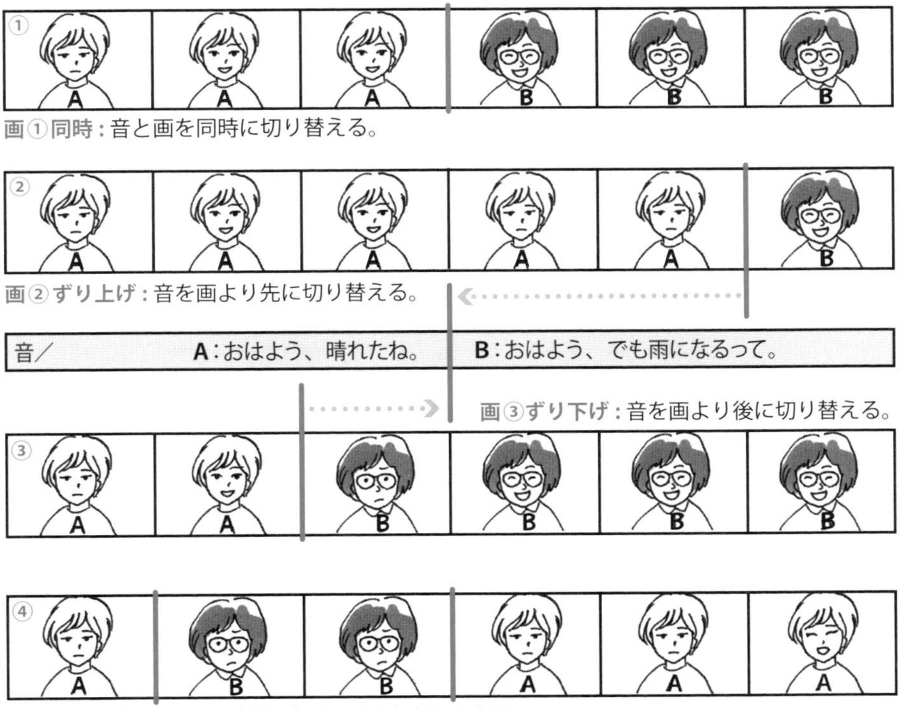
①
A
B
画①同時：音と画を同時に切り替える。
②
画②ずり上げ：音を画より先に切り替える。
音／　A：おはよう、晴れたね。　B：おはよう、でも雨になるって。
画③ずり下げ：音を画より後に切り替える。
③
④

④自由に：音と画の切り替えポイントは自由にできる。

ワンモアアドバイス

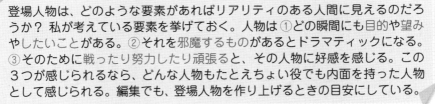

人物にリアリティを持たせるには

登場人物は、どのような要素があればリアリティのある人間に見えるのだろうか？ 私が考えている要素を挙げておく。人物は①どの瞬間にも目的や望みやしたいことがある。②それを邪魔するものがあるとドラマティックになる。③そのために戦ったり努力したり頑張ると、その人物に好感を感じる。この３つが感じられるなら、どんな人物もたとえちょい役でも内面を持った人物として感じられる。編集でも、登場人物を作り上げるときの目安にしている。

TAKE 24

客観だけではなく主観の音も 効果音の準備と使用

コツA

効果音を準備しよう

演出効果を高める効果音（**S.E./Sound Effect**）には、撮影時に同時録音した音のほかに、編集時につけ足す音がある。

ザワザワ　ゴー　プシュー…

・**環境音**：工場の雑音など、そのシーンの**環境で鳴っている音**。同時録音した環境音の音量がカットごとにバラバラな場合、同録の下に別に環境音を流すとスムーズになる。

バタン！

・**一般の効果音**：画に合わせて**その時々に鳴る音**で、**後づけ**で編集時に足される。鉄板を倒した音など、まさに音が出ているタイミングで聴こえる。

タイムライン

ビデオ1	シーン	
オーディオ1	環境音	
オーディオ2	効果音	効果音

●効果音の入手法

①ネットやCDから入手する

既製品を使用する。有料・無料のものがある。有料であっても、使用条件によっては使えないこともあるので注意したい（TAKE26）。

②ロケ時に収録した素材から作る

録音部がロケ地で環境音などを録っておいてくれると重宝するが、ショットの**セリフなどがない部分**も使える。

③新たに収録する

足音やドアの開閉音など動作にあわせた音（**フォーリー/foley**）や、群衆のざわめきなどを収録する。殴る音は、畳んだ座布団をマイク近くで殴っても作れる。また編集ソフトに内蔵されている機能で**ピッチ**（音の高さ）や**長さ**を変えたり、**リバーブ**や**イコライザー**などのエフェクターを使ってその場面になじませることもできる（TAKE44）。

●自然なループを作る

環境音などのずっと続く音は、**ループ音源**という最初と最後が途切れなくつながる音源が便利だ。ショットの無音部分などを使って作ることもできる。

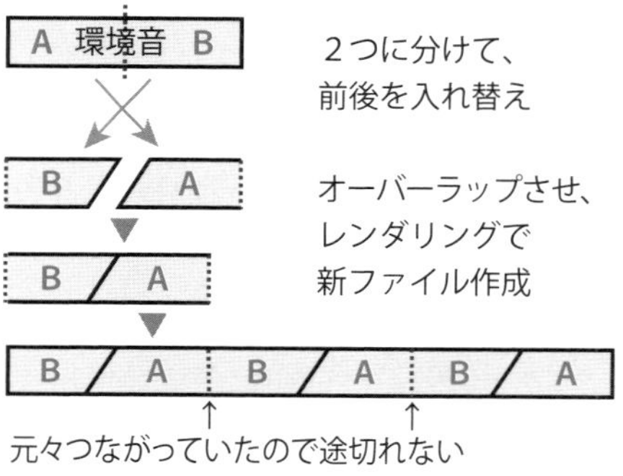
A　環境音　B
2つに分けて、
前後を入れ替え
B　A
オーバーラップさせ、
レンダリングで
新ファイル作成
B　A
B　A　B　A　B　A
元々つながっていたので途切れない

POINT 効果音は、映画の中で重要な情報だ。明らかに聞こえる客観の音だけではなく、心理を表す主観の音もある。効果音と環境音について、できることを知っておこう。

コツB

効果音で演出する

効果音には、出来事に合わせて本当に聞こえるだろう**客観の音**と、実際には聞こえないが、登場人物の心理を反映した**主観の音**がある。

●客観の効果音は選択が必要

実際に聞こえる音にしても、どこまで入れるかの判断が必要だ。例えば、衣ずれの音まで入れて濃厚な存在感を作るのか、重要な武器を取る音だけにして印象に残すのか。**物語りたい内容に合わせた選択**が必要だ。

・客観の音　↓無音の場合

・主観の音　↓無音の場合

●主観の効果音も使い方次第

アクションや事故シーンでは、目にとまらない瞬間を見た**錯覚を生む**ために、効果音を利用する。また、『スター・ウォーズ』('77米）では、宇宙空間でのエンジン音やビーム発射音が臨場感を高めているが、実際には真空で音が伝わることはない。一方、『2001年宇宙の旅』('68米)では、現実に聴こえる宇宙服内の呼吸音だけを残し、そのほかの環境音は省いている。このように**嘘の音**も、映画にふさわしければ使える。

●じらしに使う効果音

効果音による印象だけで、不安を感じさせることもある。これはほとんどBGMと同じような機能を持つ。映画は変化とそれを阻むじらしで成り立っている(TAKE07・08)ので、**音で予感を感じさせる**と観客の期待が高まる。またコメディで**オチ**を気づかせる**ジングル的な音**を入れることもある。

ワンモアアドバイス

心理的な効果音の例

タルコフスキー監督『ノスタルジア』('83ソ)では、古都を彷徨う夢のシーンで工事現場の電動工具のような音が効果的に使われていた。スピルバーグ監督の『未知との遭遇』('77米)では、夜の踏切で聴こえていた虫の鳴き声がすっと消えて無音になることで、何かが起こる予感を感じさせ、観客をじらせた。フリードキン監督『エクソシスト』('73米)の冒頭部分では、街の騒音や時計の音、犬の吠え声など効果音を絞り込んで使うことで不穏な雰囲気を作り出した。

TAKE 25

環境音を使って シーンの状況を説明する

コツA

状況を示す環境音

エスタブリッシュショット（状況説明ショット）は、そのシーンの状況（場所と時間）を示すのに使うが、**音**を使っても伝えることができる。

●同じ画でも音の違いで一変

例えば夜の一室。背景に大通りの自動車や救急車の音が聞こえていたら、**繁華街のうるさい場所**にある印象を受ける。一方、同じ画で風に揺れる木の葉ずれの音やフクロウの鳴き声などが聞こえていたら、**山の中にある建物**の印象を受ける。汽笛や電車の通過音、波の音やジェット機などでも状況を示せる。

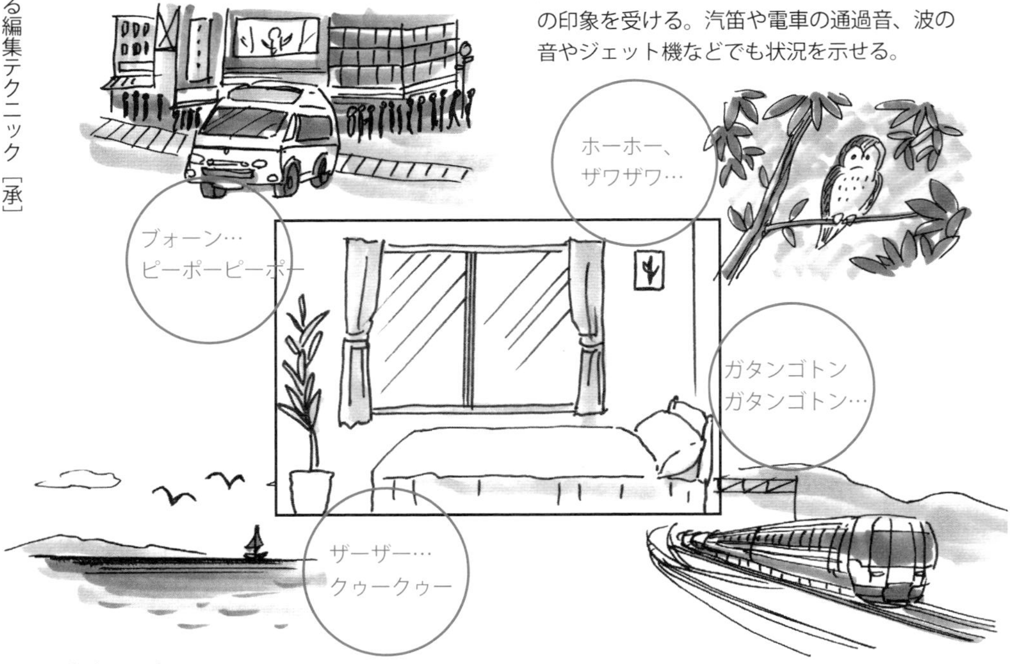

Information

◆音楽での応用

環境音を応用して、**音楽で意味をつなげる**こともできる。例えば、キャラクターごとにテーマを決めて、登場場面でテーマを使っておくと、そのテーマを流すだけで画面への登場前にそのキャラクターが来ることに気づかせることができる。風景の画にゴジラのテーマが聞こえてきたら、登場を期待する。幽霊のテーマやヤクザの抗争のテーマなども効果的だろう。

◆感情を示すことも

同一の音楽を流すことで、別の登場人物が別のシーンで同じような感情だと暗示することもできる。そのためには、悲しみのテーマや不安のテーマなどを映画の中で繰り返し提示しておけばよい。環境音や効果音で同じだと示すのは、場所・時間など具体的なものだが、音楽の場合は意味など**抽象的なものを示す**ことが多い。

POINT あるシーンの時間や場所などを示すには、エスタブリッシュショット（状況説明ショット）だけではなく、環境音などの音が使える。音楽を使えば、感情の暗示なども可能だ。

コツⒷ

別の場所を音でつなげる

別の場所で撮影したカットを挿入する場合でも、**同じ環境音**を流してつなぐと、観客は同じ場所と時間だと認識してくれる。**CG**や**特撮カット**の挿入や、**風景とセット**などを組み合わせる場合にこれを使える。また、**別々のロケ場所**を組み合わせて、映画の中にしか存在しない場所を作ることもできる。

●音で別の場所やものを表現する

シーン中にずっと流す環境音だけでなく、カット単位の音の**ずり上げ・ずり下げ**で状況のつながりを作ることもできる。またさらに効果音を使い、映像に写っていない存在を示すこともできる。例えば、**猫の鳴き声**だけで画面外の猫とのやりとりを示したり、シンクでの**洗い物や料理の音**だけで台所仕事をしているという状況を分からせることができる。

音／　ゴゴゴゴゴ、ビュービュー…

・見上げる男　・上空から宇宙船

ワンモアアドバイス

不思議な環境音の使い方をした実相寺監督

『ウルトラセブン』第８話の『狙われた街』では、潜入捜査のため路地で緊張して見張っている私服の隊員のシーンに、どこかの部屋から聞こえてくる野球中継の音が鳴っていた。普通の下町の風景なのに、宇宙人のエージェントと対決している不思議な状況が際立った。第43話『第四惑星の悪夢』では、地球と似た街の風景で、わざと街のノイズを消してありえない静けさにすることで、強い違和感を感じさせ、地球ではないのではないかと観客を誘導した。

TAKE 26

効果的な音楽（BGM）はタイミングが勝負

コツA

音楽には多様な役割がある

映画の音楽には BGM とは別に、映画内の**場所**で流れている音楽もある。例えば、人のざわめきに演歌など流すと居酒屋に、ポップスやジャズ、クラシックなどを流すとカフェに感じられたりする。その場合、**音量**を調整したり、**イコライザー**や**リバーブ**などで、 再生されている音を作り出す必要がある（TAKE44）。

●BGM による演出効果

音楽を、次のような**特定の効果と兼用**させることもできる。

・映画の雰囲気を作る

同じ映像でも、流れている音楽によって**ムード**が違って見える。

・人物や物に印象を作る

テーマのフレーズを与えて、繰り返すなどの方法で印象を作る。

・感情を伝える

人物の感情を伝える。感情に合わせる方法と、逆の雰囲気の音楽をあえて使い、**対位法的に感情を際立たせる**方法がある。

・リズムを加える

音楽のリズムを利用する。編集でカットの**タイミングとビート**を合わせると効果的だ。

・物語の進行を助ける

ストーリーテリングを補助する。例えば、平穏な日常に不安な音楽が流れ始めると、観客はこの映画でこれから何かの障害・悪いことが迫っているのを予感して、興味をそそられる。

Information

◆映画に見る音楽の効果

映画では画に合わせて、あるいは違和感を生じさせて、さまざまに音楽が利用されてきた。なかでも、不安感や不快感を与えるタイプの音楽は映画では多く使われているが、サントラのアルバムなどに選ばれにくく、一般に認知されていることが少ない。

・『酔いどれ天使』（'48 日）：**絶望**した人物が歩いているところに、**明るい音楽**が流れてくる。

・『生きる』（'52 日）：**生きる意味**に気づいた瞬間に、隣で**「ハッピーバースデー♪」**の合唱が沸き起こる。

・『七人の侍』（'54 日）：**絶望**の中で主人公が掲げた旗が空に翻ったときに、**独奏で映画のテーマ**が。

・『ジョーズ』（'75 米）：**冒頭**のサメのシーンで**テーマ**が流れ、以降この音楽だけで観客は身構える。

・『ストーカー』（'79 ソ）：**列車が通るときだけ**音楽が紛れ込む。

POINT 映画の中で、BGMは慎重に扱う必要がある。流れっぱなしだと、音楽だけが目立ってシーンがダレてしまう。気づいたら聴こえているような使い方が望ましい。タイミングが重要だ。

コツB

BGMを始めるタイミング

音楽は、鳴り始めたことに観客が気づくと効果が半減する。観客の感情を、無意識のうちに高めなくてはならない。そのためには、**始まり・終わりのテクニック**が重要だ。

・他の音に被せる：ガラスの割れる音に被せたり、波の音に紛れて流し始めたり。

・フェードイン(F.I.)・フェードアウト(F.O.)：**スニークイン**、**スニークアウト**ともいう。気づかれぬよう忍び込み、出ていくイメージ。

・セリフや動作または心情の変化をきっかけ：物語や映像や人物に気を取られていると、音楽に気づかれにくい。

・タイミングを早く・遅く：きっかけにピッタリ合わせすぎてもうるさくなることがあるため、一拍遅くしたり、早くしたりして流れになじませる。

・音楽のずり上げ・ずり下げ（TAKE23）：先に音楽を流し始め、後で映像をそれに合わせる。逆に音楽だけ残して、雰囲気を次のシーンまでこぼしたりも。

●素材の使用条件に注意

①素材制作者のクレジットを表示する義務があるか？

②営利目的で使用してよいか？

③素材を改変してよいか？

④素材を使って作品を作った場合、同じ条件で公開する義務があるか？

⑤フリー素材の条件例

・CC（クリエイティブコモンズ）ライセンス：使用条件がマーク化されている。

・パブリックドメイン：保護期間の終了や、米政府公務員が職務上作成した著作物の一部などの権利者の意思で公有物となったもの。自由に使える。

・コピーレフト：使用・改変の自由を認めるが、使用した作品の公開条件は素材と同じにする必要がある。
※例えば、素材が公開自由なら、使用した映画も公開自由を義務づけられるので注意。

ワンモアアドバイス

映画音楽の可能性

1995年にラース・フォン・トリアーらデンマークの映画人が始めた、「ドグマ95」という映画運動がある。「純潔の誓い」と呼ばれる10のルールを映画制作に課し、音楽や音は現地ロケで同時録音したものしか許さなかった。ハリウッド流娯楽映画への問題提起といえる運動で、厳密に守った作品は少ないが、後にトリアー自身が『ダンサー・イン・ザ・ダーク』('00)を生んだように、映画にとっての音や音楽の可能性に気づかせるものではあった。

TAKE 27

映画のテンポを左右するシーン、シークエンスのつなぎ

コツA

シーンつなぎにもひと工夫

シーン（**時間と場所**）や**シークエンス**（**エピソードの区切り**）のつなぎは、観客に物語の**区切り**を感じさせるところだ。明確な始まりや終わりを持たせて小さな物語［**Xa→Xb**］を示すのが基本だが、つなぎを**スムーズ**にしたり**意外な展開**にしたりして、テンポを早く感じさせる方法もある。音だけを前のシーンに**ずり上げ**たり、次のシーンに**ずり下げ**たりの簡単な方法も効果的だ。また、次のようなさまざまなつなぎ方と併用されることも多い。

●マッチカットつなぎ

形の似ている画でつなぐ（A）。場面を切り替えるとき、観客を少し驚かせて乗り越える方法（B）。例えば「インディ・ジョーンズ」シリーズの『レイダース/失われたアーク《聖櫃》』（'81 米）のオープニングでは、映画会社ロゴの山から実景の山へつながれている。

●誤解させる

同じシーンだと思わせて、別シーンに移っている。シーン変わりをミスリードして驚かせて、テンポよく感じさせる。

A-1：円グラフ

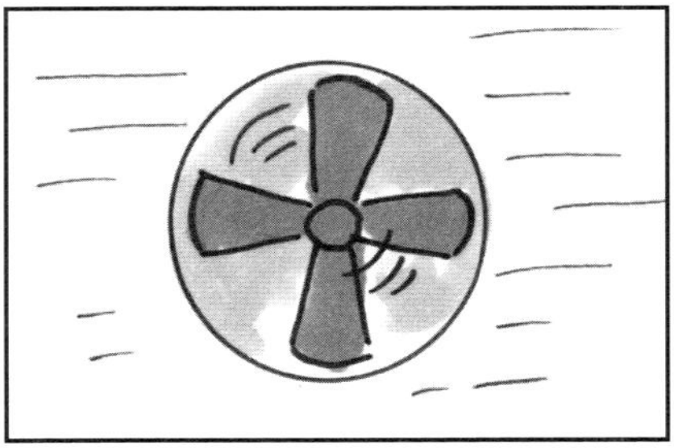

A-2：壁の換気扇

B-1：見る**A**

B-2：見返す**B**

B-3：と思いきや外にいる（カット or **ズームダウン**※）

※**ズームダウン**：アップからロングへカット内で変化させる。編集でもクロップ（拡大）機能で作ることも可能。

POINT
シーンとシークエンスの切り替わりは、映画全体のテンポを変える重要な役割を持っている。スムーズに見せる一方で、前後を衝突させてビートを効かせたり。工夫のしどころだ。

●セリフでつなげる
セリフで言った内容で次のシーンを始め、スムーズにつなぐ。例えば、ある男の噂話をしているシーンから、その男が街を歩いてきて登場し、カメラ前まで来るシーンにつなぐ。このとき、**噂話のセリフをずり下げて街の男の顔につなげる**と、さらに意味が分かりやすくなる。

●よく使われるF.I.,F.O.,O.L. (TAKE30)
フェードイン(F.I.)・フェードアウト(F.O.)、オーバーラップ(O.L.,クロスディゾルブ,ディゾルブなどとも)、**ワイプ**※、**トランジション**※など。なかでも、4～5コマ程度や数秒程度までの気づかれない長さでのスムーズなつなぎは、よく行われる。大げさなトランジションはほとんど使われないが、あえて映画のスタイルを示すために最初の部分で何回か使うこともある。
※**トランジション：**カットのつなぎ目をどう変化させるかのエフェクト。
※**ワイプ：**カットを拭うように変化させるトランジション。

コツⒷ
シナリオからの変更

編集段階で、シナリオから構成を変えることがある。シーン内の細かい部分を**削る**こともあれば、シーンごと大幅に**入れ替え**たり**省略**(TAKE14)したりするときもある。重要なのは、映画全体の物語だ。**いらない要素をそぎ落とす**ほど、物語は鮮明になる。

●省略の手順
①映画全体の物語［**Xa→Xb**］は何かを問い直す。必要最低限の要素は何か？

②その物語［**Xa→Xb**］以外の要素は、そぎ落とすことは可能だ。物語に関わらない設定などの細かな情報は、不要かもしれない。また結果さえあれば、途中経過は省略できる。

●物語に合わせたさまざまな省略
【例１】
①銀行強盗の計画シーン（銀行前に乗りつける・中へ入るなどをカットして）→②銀行内で銃を出す
【例２】
①銀行強盗の計画シーン(強盗シーンを全部カットして)→②飛ばしている車の中、仲間の一人が腹から血を流している。一人が叫ぶ「どうするんだ!?」

ワンモアアドバイス

シーン、シークエンスは衝突させる
場所やエピソードを変えると、ショックが起こる。この繰り返しが、映画のビートになる。これを際立たせつつ、自然に見せる矛盾を両立させるのが、編集による工夫だ。マッチカットでつないで驚きで乗り越えさせたり、ミスリードで誤解させて変わったことを後から気づかせたり。ずり上げ・ずり下げで軽い謎かけや予感をさせたり。シーンやシークエンスのつながりは、映画のテンポにとって重要な役割を果たしている。

バージョンやバックアップ 編集データの管理方法

コツA

記録用紙をつける

撮影時に記録用紙をつけておけば、**撮影ショットを管理**する助けになる。

●記録用紙は編集時も使える

記録用紙には、編集中に赤字などでメモを書き込んでいくと便利だ。

●記録用紙に記入する内容例

・**S#（シーンナンバー）、Sh#（ショットナンバー）、T#（テイクナンバー）**：このシーンで使うショットを探す。

・**時刻、カメラファイル名、同録ファイル名など**：ファイルを探すために使う。

・**内容、OK/Keep/NG など**：OK テイクを探す。動きがつながらないときなど、次善ショットを探すことができる。

S#：シーンナンバー

Sh#：ショットナンバー

T#：テイクナンバー ショットごとに1から（NG はリテイク）

時刻：作成時刻でファイルを探せる

ショット内容：誰が・どんなサイズで

OK：使用可
Keep：使用可だがリテイクする
NG：使用不可

カメラファイル名：動画ファイル名 複数カメラの場合はそれぞれを

同録ファイル名：録音ファイル名

長さ：そのテイクの長さ

No：その日の何枚目か

備考：現場で気づいたことを書き入れる

作品名・撮影日：モレがないか確認

▼記録用紙

記録用紙　作品名：外へ出る　撮影日 2023年 7月 15日　NO. 2

S#	Sh#	T#	時刻	ショット内容／何処でカット？／留意事項	OK/Keep/NG（理由）	カメラ：ファイル名	同録：ファイル名	長さ：（分：秒）	備考
7	2	2	9:25	裕子アップ 後半素晴らしい、 後半だけ使えるかも	OK/Keep/NG セリフまちがい	014	1013	：	要、 明+色調整
		3	9:37	〃	OK/Keep/NG	015	1018	：	雲がくる ちょっと暗い かもと、カメラさん
7	3	1	：	順追う（ロング）	OK/Keep/NG	017	1020	0:27	
16	1	1	11:02	裕子走る！（フル）	OK/Keep/NG	018	1023	：	録音少し ノイズが入る。

POINT 長期間かかる編集には、データ管理が欠かせない。大量のデータを扱う作品もあれば、絶対に失ってはいけないデータある。動画ファイルの整理や管理方法を知っておこう。

コツ⑧
編集データの整理とバックアップ

●編集で扱うのはプロジェクトファイル
編集ソフトから保存するデータは、**動画ファイルをどのようにつなげるか**を記録した小さな**プロジェクトファイル**だ。これを**レンダリング**して、**完成動画**や**中間ファイル**と呼ばれる動画ファイルを作る。

●大量ファイルをフォルダで分類
大量のファイルが行方不明にならないよう、作品フォルダの下に、「**撮影素材**」「**その他の素材**」「**効果音**」「**音楽**」「**編集プロジェクト**」「**中間ファイル**」「**完成版動画**」などのフォルダを作って分類するとよい。

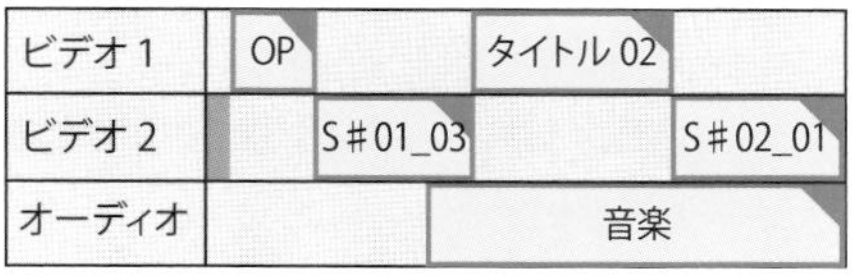

●バージョンとブランチ管理
編集過程のデータの管理は、大きな変更を**バージョン**、小さな変更を**リビジョン**として、「**タイトル _ バージョン番号 - リビジョン番号**」とファイル名をつける。さらに**枝分かれ（ブランチ）**も使い管理し、前データに戻れるようにしておこう。

```
X本編 _01-01
↓ →X予告編 _01-01
X本編 _02-01
↓
X本編 _02-02
↓ →X短縮版 _02-02
X本編 _03-01
```

●ネスト編集（TAKE05）
長い映画の編集作業はシーンごとに行い、最終的にひとつの動画にまとめるとよい。編集中のタイムラインに別のプロジェクトファイルを配置できる、**ネスト機能**を使う。また、シーンごとに可逆圧縮（TAKE06）や、高画質にレンダリングした中間ファイルを配置する方法も使える。

タイムライン

ビデオ1	OP		タイトル 02	
ビデオ2		S#01_03		S#02_01
オーディオ			音楽	

●バックアップ（TAKE02）
編集中は、必ず**バックアップ**を取ろう。編集ソフトの**自動バックアップ設定**や**バックアップ用ソフト**を使い、定期的に**外付けドライブ**や、雷や火災などの災害に備えて**クラウドサービス**などの別の場所へ保存する。

ワンモアアドバイス
別の編集ソフトと編集データをやり取りするEDL

編集データを別種の編集ソフトに移行したい場合、新しいソフトが前のファイル形式での読み込みをサポートしていないときは、EDL（Edit Decision List）ファイル形式を試そう。プロジェクトデータをEDLでエクスポート（書き出し）し、別のソフトでインポート（読み込み）する。EDLは編集内容をテキストファイルにしたもので、テキストエディタで内容の確認や編集もできる。ただし、互換性の問題などがあり、上手くいくとは限らない。

II. 物語を彩る編集テクニック ［承］

TAKE 29 常に全体の流れを意識しよう 編集のワークフロー

コツ

編集作業の進め方

編集作業は、どのように進めるとよいだろうか。作品によって適したやり方があるが、基本となる一例を挙げる。

STEP①データの保存と整理

素材のデータをフォルダに配置して、バックアップを作る。このとき、撮影ショットや同録ファイルを、「シーン - ショット - テイク - カメラ」（例 xx-13-07-01-A.mov）のように分かりやすい名前にリネームしておく場合もある。

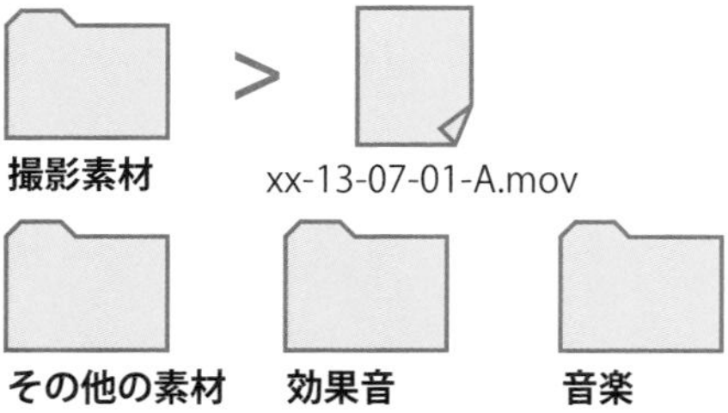

STEP②プロジェクトの作成

編集ソフトで、編集するシーンや**ロール**※などの単位で**新規プロジェクト**を作り、素材を読み込む。

※**ロール**：巻（かん）。フィルムの一巻（ひとまき）から。区切りのよいところまでシーンをまとめたもの。

STEP③タイムライン作成

素材を**タイムライン**に並べる。OKテイクのみか、NGテイクも含めるかは時間次第。同録の音声ファイルがある場合はタイムラインに並べ、**カチンコ**※で同期させる場合は波形と画でタイミングを合わせる。同期信号や音声波形で自動的に同期させるものもある。

※**カチンコ**：ボールドとも。叩く音と画で同期タイミングがわかる道具。

STEP④素材の確認

並べた素材を見る。できれば何度か見直した方がよい。全体を早回しで見て把握してからそれぞれを見る場合も、最初から等速で見る場合もある。このとき、記録用紙やノートなどにメモをつけることもある。

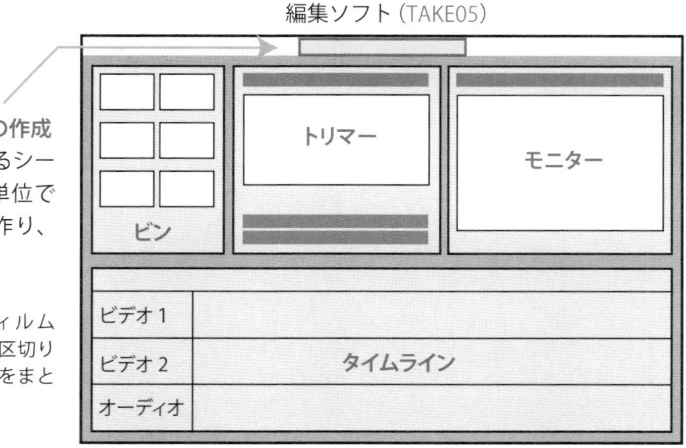

POINT 編集作業の順番（ワークフロー）の例を挙げる。長編の大規模な編集になるほど、手順を意識してほしい。そうすれば、細部にとらわれすぎず、全体を意識した編集が可能になる。

STEP⑤シナリオからのイメージ

シナリオを参照しながら、どのように編集するかをイメージする。TAKE07 からの［**Xa→Xb**］を思い出そう。この部分でどのように物語を作るのか。最初に終わり方［**Xb**］をイメージし、その反対の最初［**Xa**］を考え、その間のじらしなどと考えていくと、イメージしやすい。

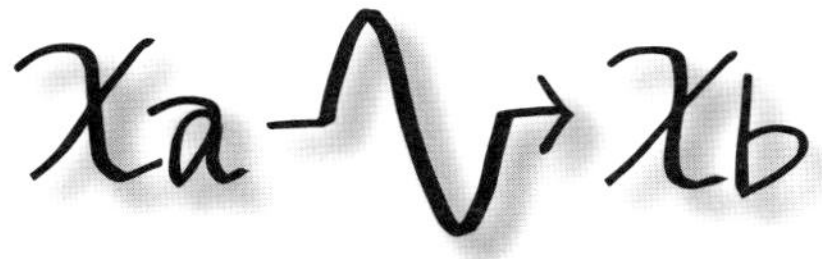

STEP⑥素材からの編集

映像と音を**タイムライン**に並べる。まず**仮の最後を配置**すると並べやすい。マスターショットがある撮影なら、とりあえず一番下のトラックに配置して、他の素材を上に置いていく。細かい部分は後からでいいので、ざっくりと全体から試行しよう。ここではシナリオから自由になり、不要と感じるセリフや動きを削ることもいとわない。

STEP⑦つなぎの調整

全体がつながったら、動きのどこでつなげるか、音の**ずり上げ・ずり下げ**などを考えていく。動きや時間を飛ばすことや、省略できる部分を探す。この段階ではひとコマひとコマが重要になってくる。

STEP⑧仕上げ作業

映像の細かい調整や音の仕上げを行う。（CHAPTER3・4）

STEP⑨最終ファイルの作成

ネスト編集や中間ファイルを使っている場合は、親のプロジェクトファイルに新しい編集を追加していく。

STEP⑩全体の確認

全体を確認して修正する。

STEP⑪レンダリング（TAKE46）

最終的な完成動画をレンダリングする。

ワンモアアドバイス

全体を眺めるように確認する

編集作業中はディテールに目がいくようになり、全体が見えなくなる。映画の印象は全体のバランスが作るので、全体を眺めることを意識しよう。全体の一部としてのディテールだ。一度寝かして時間をおいて見直したり、他の人と見たりしてみよう。印象が変わる。必要なのは映画全体の物語［Xa→Xb］ができているかどうか。編集は、物語を書くことや絵を描くことに似て、一行あるいは一隅に手を入れつつ、全体を作っていく作業だ。

体験談コラム②

人工知能（AI）と映画編集の未来

松本 大樹［撮影監督／映画監督］

このコラムを書いている2023年、メディアやSNSでは「Chat GPT」等、**人工知能（AI）**についての情報・ニュースが、ほぼ毎日飛び交っています。画像生成AIサービス等も、驚くべきスピードで進化を遂げており、このような技術が映像・映画の編集分野において実用レベルに達するのも、時間の問題。いわゆる「**プロンプト**」と呼ばれる呪文をコンピューターに投げれば、煩雑な映像編集も自動であっという間にやってくれるような未来も、そう遠くない時期に訪れてしまうのではないでしょうか。そもそも映像・映画の編集を人がする必要があるのか？その事について真剣に考えないといけない時期が、既に到来しているのかもしれません。

先日、この本の著者であり、敬愛する衣笠竜屯監督の最新作長編映画『**あはらまどかの静かな怒り**』の撮影、また本編編集にも携わらせて頂く機会がありました。衣笠監督は脚本・演出・撮影・編集の隅々に渡り、独自の哲学を持っており、それを非常に大切にされている方です。監督が描き出す世界観は、世の中に一つのオリジナルなもので、それはたとえ今後**AI**がどれだけ発達し、仮に他の現存する映画作品を全て学習させたとしても、きっと生み出せないでしょう。これからは作り手の個性がますます問われる時代。読者の方もこの本で映像編集を勉強しつつ、ぜひ実践の際には、ご自身が好きなこと、ご自身のやりたい事を大切に、それに正直に作品づくりをして欲しいなと願っております。

最後に、映画編集の面白い所は、答えがないところかなと思います。上述した衣笠監督最新作『あはらまどかの静かな怒り』の編集時にも、終盤のシーンで音楽を入れるかどうか、作曲家やプロデューサー交えて皆で延々と話し合いを行いました。衣笠監督ご自身も、物凄く迷われていました。**編集は常に迷いとの戦い**です。何を選ぶのか、何を捨てるのか。それが正しいのか、間違っているのか、そんな事は誰にもわかりません。人生だって同じ。映画の編集にこれからチャレンジしてみようと思っている方、今すでに映画編集に携わっている方、皆さまの日々の勇気ある選択に心から敬意を示して、このコラムを締め括りたいと思います。最後まで読んで頂きありがとうございました。

『みぽりん』2019年　監督／松本 大樹

Information

◆松本 大樹［映画監督／撮影監督］
1983年生まれ、兵庫県神戸市出身。様々な映像制作関連会社で経験を積みながら、撮影・編集のノウハウを磨き、フリーランスの映像クリエイターとして独立。2013年に合同会社CROCOを創業する。2019年には『みぽりん』で映画監督デビュー。同作はカナザワ映画祭2019「期待の新人監督」観客賞、おおさかシネマフェスティバル2020ワイルドバンチ賞を受賞。その後コロナ禍になってからも、継続的に作品を製作。2021年に製作総指揮・監督を担当した映画『極道系Vチューバー達磨』は、ゆうばり国際ファンタスティック映画祭2022ゆうばりチョイス部門に選出。さらに、同年開催されたアルゼンチンのブエノスアイレス・ロホサングレ映画祭2022でも招待上映された。

CHAPTER III

色と文字で世界観を操る

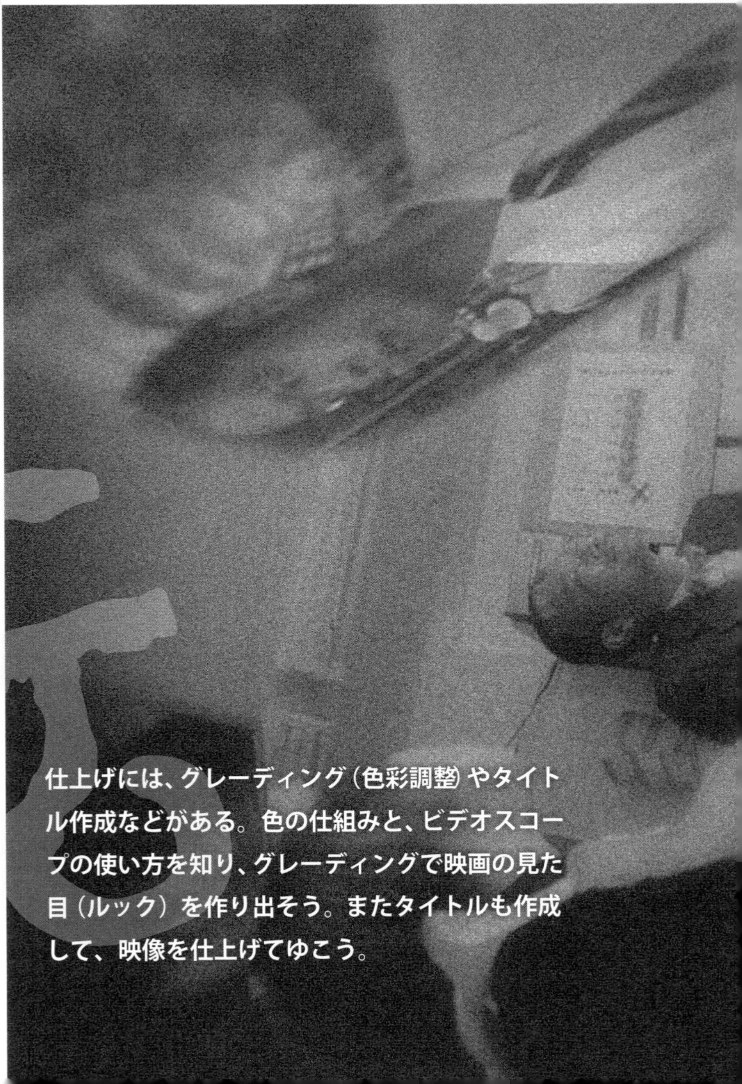

仕上げには、グレーディング（色彩調整）やタイトル作成などがある。色の仕組みと、ビデオスコープの使い方を知り、グレーディングで映画の見た目（ルック）を作り出そう。またタイトルも作成して、映像を仕上げてゆこう。

TAKE 30 グレーディングとフェード、オーバーラップ

コツA

デジタルでの映像の仕上げ

デジタルでの編集では、単にカットをつなぐだけでなく、合成やトランジションなどの**特殊効果**や、**グレーディング**と言われる映像の調整も含まれている。

●高まった編集時の重み

近年のデジタル撮影では、撮影時にはできるだけ多くの情報を含むデータで収録しておいて、編集時の仕上げで情報を取捨選択し、効果的な映像に調整する方法が主流だ。**LOG**や**RAW**など（TAKE34）、調整が前提の撮影素材も多い。

●起源を知れば理解しやすい

フィルム時代の映像では、撮影時から**フィルムの種類**を変えたり、照明を含めた**フィルターワーク**を行ったり、**現像・焼き付け**時に調整したりして完成映像を作っていた。現在でも、この時代に開発された映像効果を再現する効果が多い。そのつもりで理解していくと**パラメータ**の意味が分かりやすい。

●グレーディングのカバー範囲

デジタル時代のグレーディングは、ビデオ技術の時代に**カラーコレクション**と言われた色を適正に補正する技術から、範囲が広がっている。色の調整だけではなく、**合成**や**マスク処理**関連、**光のにじみ**、**照明**や**レンズ**や**カメラ機構**、**フィルム**や**現像・焼き付け処理の再現**など、幅広い範囲をカバーしている。

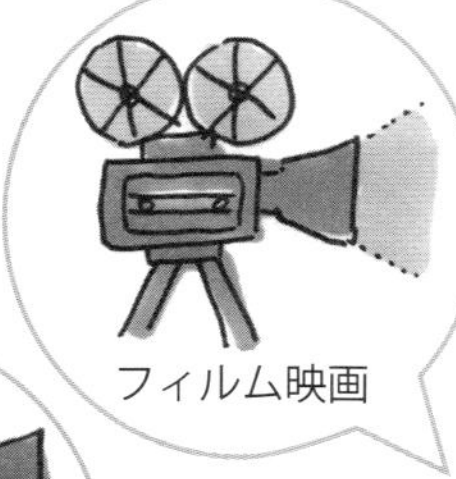

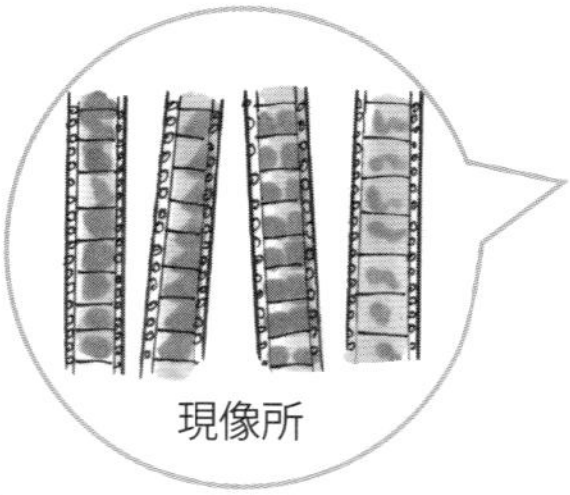

デジタル編集ソフト

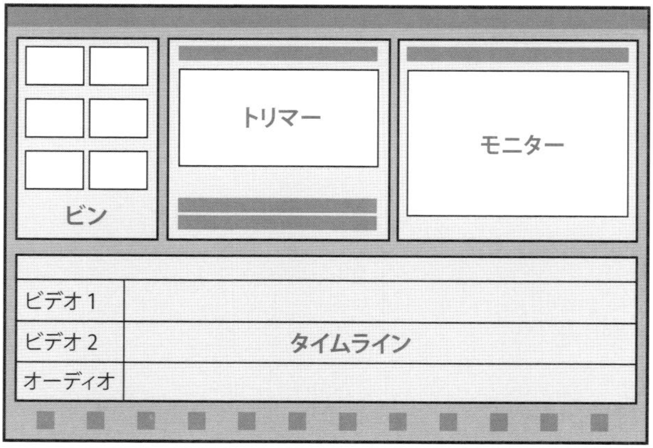

POINT

デジタルでの映像の仕上げは、現状ではフイルム時代の映像効果の再現になっている。まずは、よく使うフェードやオーバーラップ・簡単な合成から理解しよう。

コツB

フェード、オーバーラップと合成

●フェードの起源

フェードイン（F.I）・フェードアウト（F.O.） は、映画の黎明期には撮影時のスタジオの照明や絞り・シャッタースピードの調整で作られた。後になると、フィルム焼き付けの濃さを変化させることで徐々に消えたり浮かび上がったりする効果を作った。現代の編集ソフトでは、**カットの端にフェードを指定**する。

●フェードの技術

フェードする色は黒が多いが、白や他の色も指定できる。３～５コマ程度の、観客に意識されずに印象を残すものや、数秒から数十秒までさまざまな長さがある。徐々に早く・ゆっくりなど、変化率も変えられる。

・**F.I.**：カットの始まりが徐々に現れる。

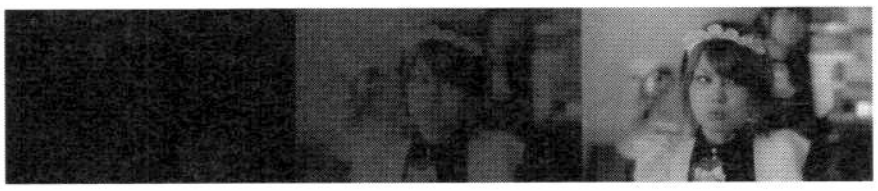

・**F.O.**：カットの最後が徐々に消えていく。

●オーバーラップの起源

オーバーラップ（**O.L.**）は、黎明期には **F.O.** してからフィルムを巻き戻して **F.I.** を撮影したり、焼き付け時に２つのカットの **F.I.** と **F.O.** を重ねて焼き付けることで実現していた。

●オーバーラップの技術

デジタル編集では、２つのカットのつなぎ目でトランジション機能で指定する。また **F.O.** と **F.I** のカットを別のトラックに配置し、端が重なるように調整することでもできる。

●合成の起源

２つの映像を重ねる合成は、黎明期にはカメラ内でフィルムを巻き戻したり、２つのカットを焼き付けて実現していた。このとき、撮影するレンズや、焼き付け時の画面の一部を隠し（**マスク**し）て、２つの映像が見えるように合成したりした。

●合成の技術

デジタル編集では、２つのカットを別のトラックに配置して重ね、透明度の調整やマスク機能で透ける部分を作って合成する。
(TAKE37)

ワンモアアドバイス

古い技術が元になっているデジタル編集

編集ソフトなどに備わっている効果の多くは、映画黎明期からフィルムで実現してきた効果をシミュレーションしている。自然光や空気、照明やそのフィルター、各種のレンズやそのフィルター、シャッター機構やフィルムの種類、現像方法、焼き付け方法などのメタファーで、パラメーターの操作が決められていることも多い。この仕組みを知っていれば、自分でさまざまな効果を生み出すことが可能だ。

TAKE 31

デジタル編集での画像表示の色の仕組み

※監修者WEBページ「映画制作の教科書シリーズ」https://filmmakebook.minatokan.com（カラー画像あり）

コツⒶ

画像は３色の画素の集まり

動画ファイルは、静止画を連続して表示させている。さらに１枚の静止画は、たくさんの画素の集まりだ。そのひとつ一つの画素それぞれは、**R(赤) G(緑) B(青)** の３色の表示で作られている。

●画像表示の仕組み

映画『神戸～都市が囁く夢～（劇場版）』監督／衣笠 竜屯

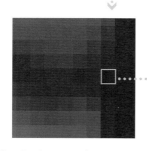

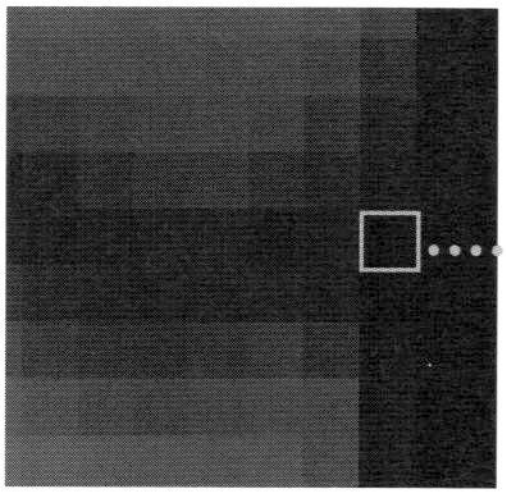

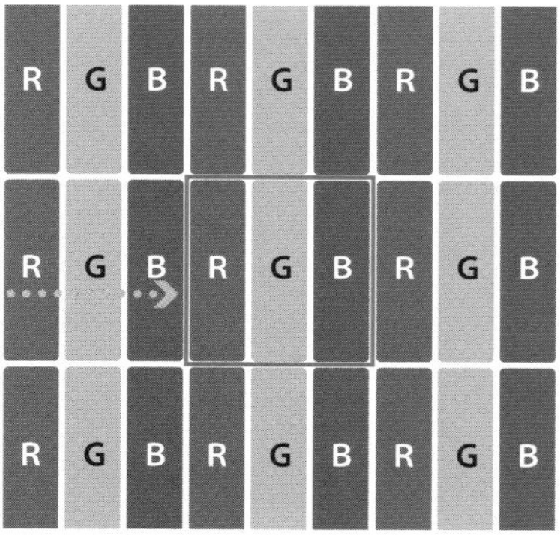

・**拡大すると**、細かい四角でできている。これが**画素（ピクセル）**。フルハイビジョンならこれが横1920×縦1080で2,073,600個並び、ひとつの画面になっている。

・**画素**のそれぞれは、**RGB** の３色の表示でできていて、それぞれの強さ（=明るさ）の違いで色や明暗を作り出す。

POINT デジタル編集では、色をデジタル信号として扱う。画像の表示原理や、画素と色の仕組みを知り、グレーディング時の色の調整や再現性のチェックなどに活かそう。

コツB

色域は再現できる色の範囲

人間が感じる色を、そのまま完全に再現できる機器はほぼない。その機器でどのぐらい再現できるかの範囲を、**色域**という。基準となる規格には何種類かある。編集の際、どの規格の色の範囲をターゲットにして扱うか、それぞれごとに決めることになる。

・**sRGB**：PC 関連やデジカメ・プリンタなどに多く使われている色域。

・**Adobe RGB**：sRGB より広い範囲。DTP（印刷物制作）等で使われる

・**Rec.709（BT.709）**：HD デジタル放送。sRGB とほぼ同じ。

・**Rec.2020（BT.2020）**：4K/8K 放送の色域。Rec.709 よりかなり広い。

・**DCI-P3**：デジタルシネマ向けの色域。Adobe RGB と広さは近いが、カバーしている色が少し違い、ネガフィルムに近い範囲。

●モニター選びの留意点

モニターなどでは、規格を100%カバーしているものは少ない。例えば［Adobe RGB カバー率 95%］のように表記されているので、どの規格でどのくらいの範囲まで再現できるモニターか、それを元に判断する。

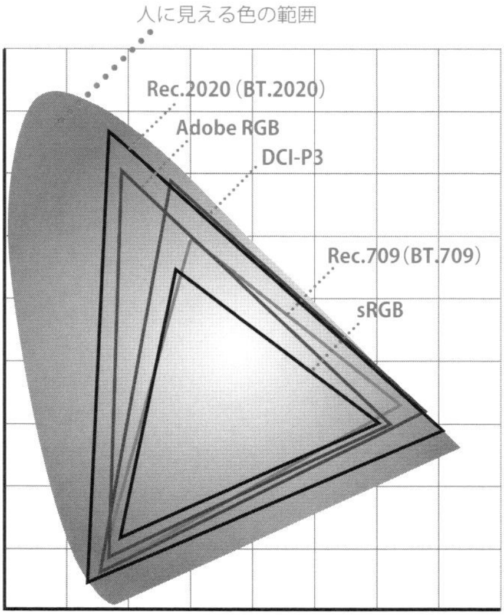

▲色域の概念

ワンモアアドバイス

古い放送規格のブロードキャストカラー

以前の放送規格の信号レベルの下限上限は、デジタルより狭い。古い機器でRGB信号がこの範囲を超えると、強い色や暗い部分が飽和（サチュレーション）する。扱える信号を超えてしまい、最大・最小値が続いて変化が消えて崩れる場合がある。この場合、ブロードキャストカラーと呼ばれるエフェクトなどを使い、画質は落ちるが色の範囲を狭めて放送の範囲に収める。再生時にどぎつい色が現れたり、暗部が潰れたりしたときは試してみよう。

TAKE 32

映像の明るさと色調をビデオスコープで表示する

※監修者WEBページ「映画制作の教科書シリーズ」https://filmmakebook.minatokan.com（カラー画像あり）

コツ

ビデオスコープの代表的な４つのグラフを知ろう

動画ファイルに記録されている色や明るさは、再生する機器や人の感覚などに左右され、それぞれによって見え方が違う。そこで、表示されている色の信号を分析して、標準的な色かどうか確認するのが、プロ用編集ソフトに搭載されている**ビデオスコープ**と呼ばれる機能だ。その原理と利用方法を知っておこう。

①ベクトルスコープ：**色調を確認する**

１画面の画素をバラバラにして、色で円状に並べ直したもの。**画面の色の分布**が分かる。上から時計回りに **R**（**レッド**）, **Mg**（**マゼンタ**）, **B**（**ブルー**）, **Cy**（**シアン**）, **G**（**グリーン**）, **Yl**（**イエロー**）※。円の中央は色が薄く、外側ほど濃い（彩度、サチュレーション）。**Yl** と **R** の間に、肌色を示すガイド線が表示されているものもある。また、180度逆の方向は補色になる。

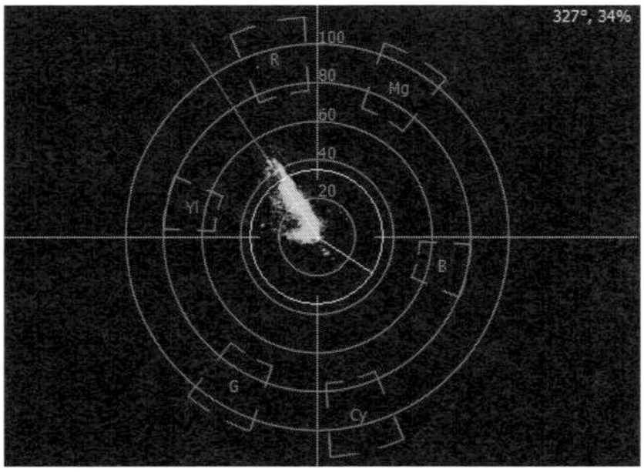

▲**Yl** と **R** の間の肌色に近い部分に濃い色が多く、**Yl** 付近にもまた別の濃い目の色の集合があり、画面のほとんどの画素がこの色の範囲に集まっている。

※**Mg, Cy, Yl** は、**M, C, Y** の表記もある。

※各グラフは、この映像を分析したもの

②ヒストグラム：**明るさを確認する**

画素を明るさで並べ直したもの。**画面の明るさの分布**が分かる。右が明るく、左が暗い。縦軸はその明るさの画素の数。黒の締りやハイライトの強さ・量などを見ることができ、画面全体のコントラストや明るさが把握しやすい。この画素の分布で、**明るさ・コントラストの印象**が把握できる。

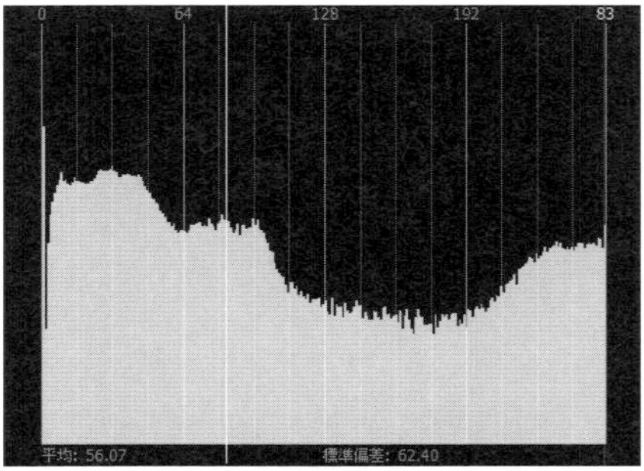

▲中間より暗い画素が多め。一方で、かなり明るい画素も多いが、これは多分背景の明るい窓だろう。中間より少し明るい画素は少なめで、グラフは谷になっている。

POINT 明るさや色調をビデオスコープでグラフ表示させると、グレーディングを的確に行える。また信号の範囲が適切かを調べたり、別々のカットの明るさ・色調を合わせたりするのにも便利だ。

③ウェーブフォーム（波形）：**明るさを確認する**
横軸は、画像の左から右と同じ。縦の画素をバラバラにして、明るさで並べ直したもの。上が明るい。画面の横軸の**その部分の明るさや分布**が分かる。この画素の分布で、**それぞれの部分の明るさ**の把握がしやすくなる。

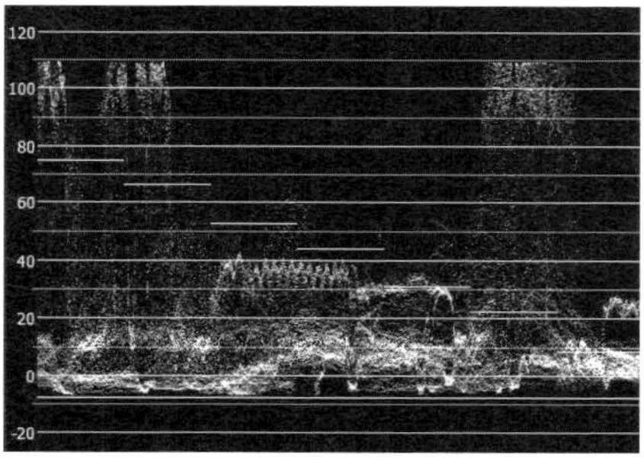

▲画面左右の窓の明るい画素が100のあたりに多くあるのが分かる。また中央左寄りに、やや明るいソファーと人物のやや明るい画素が40のあたりに見える。

④RGB パレード：**色調を確認する**
ウェーブフォームを **R（赤）G（緑）B（青）**それぞれの色ごとに分けて並べたもの。横の同じ部分の RGB それぞれの強さが分かるので、RGB の**バランスの分布**が分かる。

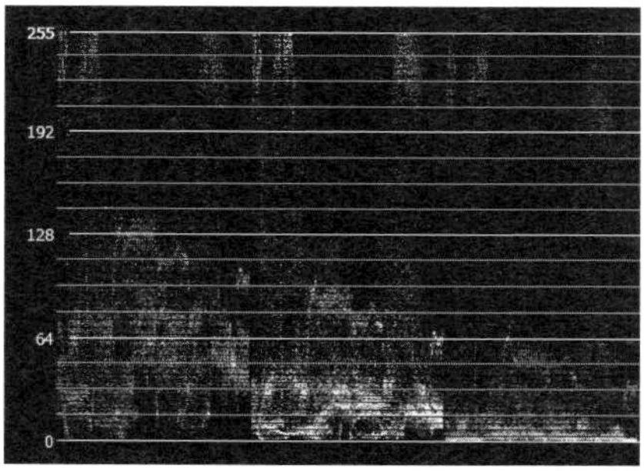

▲左右の窓の明部は白っぽく、ソファ周辺は赤が強い。全体に下方の暗部は赤が強い。

●データで確認しよう
色の調整は、見た目だけではすぐに行き詰ってしまう。ビデオスコープで確認しながら作業を進めると、その印象がどこからくるのかが分かり、画作りの方向性が見い出せる。

ワンモアアドバイス

ビデオスコープを使って映像を調整しよう

グレーディングは、ビデオスコープで確認しつつ作業することになる。どれぐらい明るさや色を変化させるのかを、感覚だけでなくデータとして確認できるので、思わぬ色の飽和やデータの損失を防ぐことができる。また、別の画像でもビデオスコープのグラフの形が似ていると、似たような明るさ・色調になっている。これを利用して、別のカットの明るさ・色調をマッチさせるために、ビデオスコープを見比べながら作業することも多い。

TAKE 33

映像の色彩を調整する プライマリ、セカンダリ色調整

コツⒶ

全体はプライマリ色調整で

画面全体の色を調整・補正する操作を、**プライマリ色調整**という。操作インターフェースは、3つの円(ホイール)によるものが多い(全体・オフセットを含んで4つの円もある)。円は、ベクトルスコープ(TAKE32)と同じ色配置で、180 度逆の方向は補色だ。**Yl** と **R** の間に肌色を示すガイド線が表示されているものもある。

- 低(**暗部 / シャドウ / リフト**):
  暗い部分の色を変える。
- 中(**中間部 / ミッド / ガンマ**):
  中間部分の色を変える。
- 高(**明部 / ハイライト / ゲイン等表示もある**):
  明るい部分の色を変える。

● 色の調整方法

- 鮮やかさ:サチュレーション、彩度。色の濃さ。
- ガンマ:暗部から明部への変化の割合。大きくすると、中間部が持ち上がり明るくなる。
- ゲイン:明るさの最大値。大きくすると、明部が明るくなる。
- オフセット:明暗全体を上下にシフトする。

これらはホイールごとに調整できるものもある。

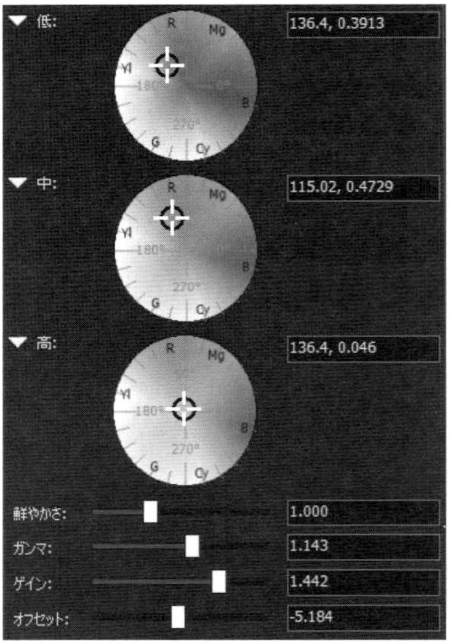

▲プライマリ色調整の例

中の丸点を動かして色を操作する。円の外側へ動かすほど色が変わる。明部の色を調整すると、画面全体の印象が変わりやすい。例えば、寒色の青緑っぽい印象を作るなら、高のホイールを少しだけ **B** と **Cy** の間の方向に動かしてみよう。

Information

◆ビデオスコープと併用すると理解しやすい

色の調整では、**色合い**、**色相**、**明るさ**、**ガンマ**、**レベル**、**彩度**など、さまざまな用語が飛び交う。使う文脈によって、微妙に意味や定義がずれたりもする。これらの用語は、色を感覚的に理解して操作しやすいように生み出されたものだ。困ったら、ビデオスコープの**ヒストグラム**や **RGB パレード**を表示させながら、操作して画像を確認してみよう。直感的に理解できるようになる。

◆RGB の値は明るさと色合い

色調整の最後は、RGB それぞれの強さの値を変えるだけ、ということを知っておこう。例えば、明るさとコントラストを調整するトーンカーブ(カラー曲線)機能で RGB を別々に操作できるものだと、これを使って色調整できる。全体を暗く、青だけを多く残せば夜の印象に、黄色を強調して太陽を感じさせたりできる。

・RGB と Mg,Cy,Yl の関係: Mg(マゼンタ)=R+B、Cy(シアン)=B+G、Yl(イエロー)=G+R。

POINT 色を調整するためのソフトやプラグインは数多い。多くの編集ソフトに搭載されているプライマリ色調整の基本的な使い方と、色を抜き出すためのセカンダリ色調整を知っておこう。

コツB

一部をセカンダリ色調整で

セカンダリ色調整の例▶

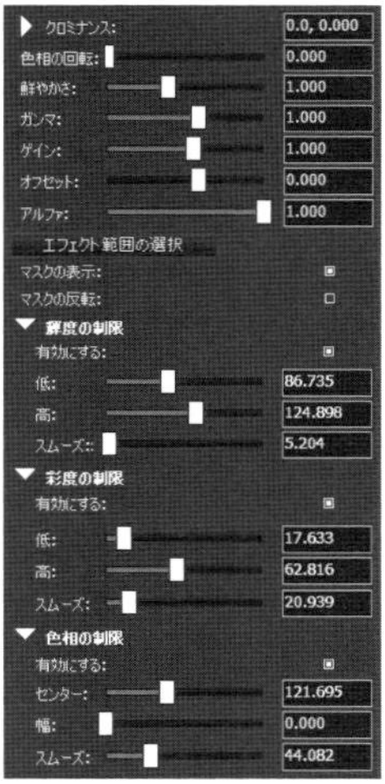

画面の中の特定の色だけを操作することを、**セカンダリ色調整**という。操作パネル例で、上部が選択した色の調整を行う部分。「エフェクト範囲の選択」以下が、色の選択を行うための操作部分だ。

- アルファ：透明度。
- エフェクト範囲の選択：スポイトアイコンも。ピックアップした画素の色を基準に選択する。
- マスクの表示：選択した画素を白で表示する。
- マスクの反転：選択を反転する。
- 輝度（明るさ）/彩度（濃さ）/色相（色合い類）の制限：選ぶ画素の値の範囲を指定する。
- スムーズ：範囲の区切りを緩やかにする。

●抜き出した色の表示例

TAKE31の映像で、顔のピクセルを元に抜き出した結果。白が選択された部分。顔の部分だけを抜き出すなら、他の切り抜きやマスク機能と組み合わせるとよい。このようにして、特定の色のみを操作できる。

●こんな使い方もできる

- **白黒画面**に赤色の物だけ浮かび上がらせる。
※ロジェ・ヴァディム『血とバラ』（'60 仏・伊）
- **服の色**を変える。
- **秋**の茶色い木の葉を夏の緑に。
- **合成時**に顔のみ抜き出す。
- **グリーン・ブルーバック**を選択し、透明にして合成。
- **肌色を中心に**選択して、スムーズを広めに→選択を反転→肌色以外の彩度を0に。肌の暖色系以外は、白黒の不思議な印象になる。（ルックについては TAKE36）

ワンモアアドバイス

肌色の秘密

人種や地域などの違いでいろいろあるように見える肌色だが、実は明度と彩度の差だけだ。多少の個人差はあるが、色合い・色相の範囲はごく狭い。なので、色相の円で人の肌色のガイドはとても役に立つ。この色相を選択すると、肌が抜き出せる。表情を浮かび上がらせるために人物部分を選んで操作したり、逆にその人物以外を操作することは多い。肌を少しぼかしたり色を制限したりして、メイク効果をつけるプラグインやソフトもある。

TAKE 34

各種パラメータを知って明るさを調整しよう

コツA

明るさ＝明度とコントラスト

明るさを見るには、**ヒストグラム**が分かりやすい。明るさの調整は、TAKE33 のプライマリ色調整での**ガンマ**、**ゲイン**、**オフセット**や**コントラスト**などの他、各種の調整**エフェクト**がある。ヒストグラムを見ながら操作しよう。

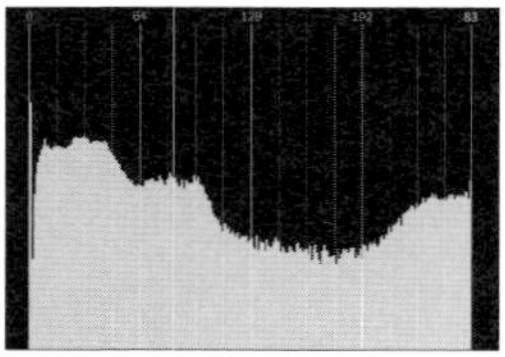

▲ヒストグラムの例

・**明度**：全体の明るさ。

・**コントラスト**：明暗の差。大きいほどはっきりした画になる。

・**シャドウ**：暗部。この調整でくっきりした感じ、あるいは逆に暗い部分が浮く感じに。

・**ハイライト**：明部。明るい部分をはっきりさせるか沈んだ感じにするかを調整。

・**レベル**：最も暗い部分と明るい部分の信号の差。

・**ヒストグラムのピークの位置**：ガンマを調整すると、波形全体が明るい部分や暗い部分に動く。

コツB

明るさの範囲を変更するレベル調整

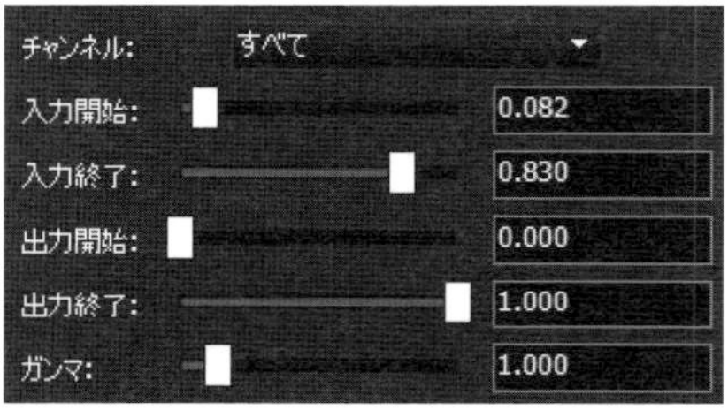

▲レベル調整の例

コントラストは変えずに、ガンマで少し明るくしている。

・**入力開始、終了**：元の信号の明暗のどの範囲を使うかを指定する。開始を0より大きく、終了を100 より小さくすると、コントラストが上がる。

・**出力開始、終了**：調整から出力する信号の範囲を指定する。開始を 0 より大きく、終了を100より小さくすると、コントラストが下がる。

・**ガンマ**：1より大きくするとヒストグラム全体が右に寄ってゆき、明るくなる。1より小さくすると左に寄っていき、暗くなる。

Information

◆印象と実際の明るさは異なる

人の目は不思議だ。照度計では同じ明るさなのに、朝カーテンを開けたときの風景はまぶしく感じ、夕方の風景は薄暗く感じたりする。また、瞳孔は好きな何かを見ると無意識に開いて明るく見える。それらが記憶に定着して、本当の明るさのように思う。このように、現実と異なる色を**記憶色**という。編集では、計測値ではなく、**大多数の人が思う明るさ暗さの印象**に合わせていくと、受け入れられやすくなる。

◆明るさは比較で判断される

映像の中では、光に**にじみ**があると明度が低くても明るく感じる。また、小さくても**ハイライト**があると、大部分が暗いままでも物の形が分かる。それでも一番明るい部分の明度が半分より下になると、暗すぎて見えない場合も出てくる。人は、物を何かとの**比較で判断**するので、単に全体の明度を下げたり上げたりしても上手くいかない。**ビデオスコープ**で値を確認しながら、印象を作り出そう。

POINT 人が感じる明るさは、明暗の比較から生まれている。だから、明るさを調整するための要素は多い。それぞれのパラメータを知って、求める明るさを生み出そう。

コツC

トーンカーブ（カラー曲線）で調整

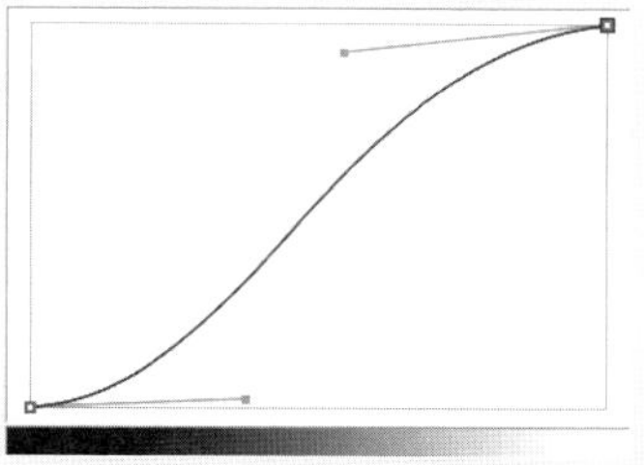

▲トーンカーブの例
明部を上げて暗部を下げ、フィルムライクなコントラストにしている。

縦軸がこのエフェクトへの入力、横軸が出力。曲線を操作することで、コントラストを詳細に調整できる。**コントロールポイント**を作り、そこから出る**ハンドル**で操作する。**RGB** それぞれ別の曲線にすると、色の調整ができる。例えば、**R（赤）**や**G（緑）**のカーブを下げて**B（青）**をそれより上げておくようにすると、疑似夜景的な色合いが作れる。プリセットなどがある場合はそれを利用し、そこから調整していくのも方法だ。

コツD

高画質なLOG収録を復元する

LOG 撮影は、通常の撮影よりも豊かな諧調に見え、グレーディングの自由度も高い。注意が向く暗部の情報を多く、明部の情報を減らして収録するものだが、そのままでは薄い映像に見える。これを編集などの**ポスプロ**時に、**LUT（ルックアップテーブル）**と呼ばれる変換を適用して、自然な明暗に復元する。LUT はカメラメーカーの純正のもののほか、各種ある。**トーンカーブ（カラー曲線）**を使って、自分で好みの調子に仕上げることもできる。

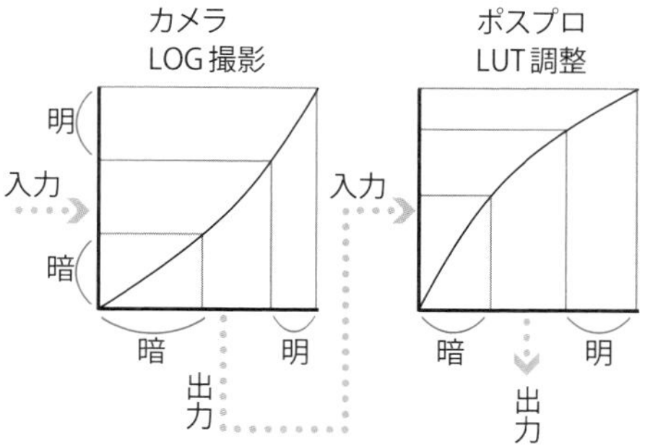

ワンモアアドバイス

LOGよりも自由度の高いRAW

後処理が前提の撮影には、LOG以外にもRAWがある。これは、カメラのセンサーのRGB信号をそのまま記録したもの。その効果がもっとも現れるのは、カラーグレーディング時だ。データが圧縮されていないので巨大なファイルサイズにはなるが、ポスプロでの自由度は非常に高く、明るさや色を大きく変えることができる。撮影時のカメラで収録したRAWを扱える編集ソフトに読み込んで作業する。

TAKE 35

カットの色を合わせる 色温度とその調整

※監修者WEBページ「映画制作の教科書シリーズ」https://filmmakebook.minatokan.com（カラー画像あり）

コツA

光の色を示す色温度

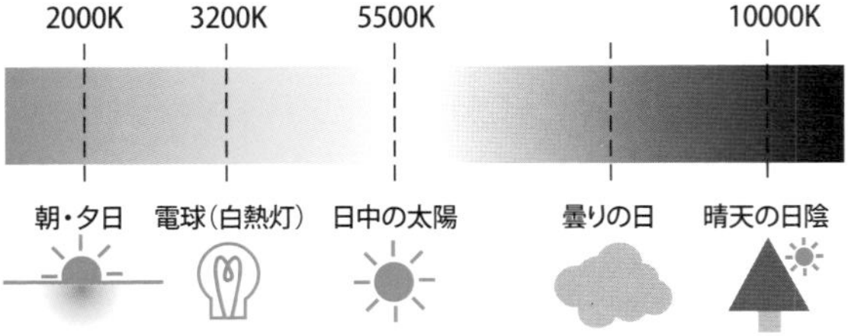

同じ物でも違う色の光で見ると、赤くなったり青くなったりする。太陽光は、時刻や天気で変わる。撮影用ライトでも、種類によって異なる。こうして撮影素材が同じシーンなのに、ショットごとの色合いの違いが起こる。このため光の色は、物を熱して光るときの温度（華氏）である**色温度**で表す。単位は**ケルビン（K）**で、低いほど赤く、高いほど青くなる。
ただし、一部の蛍光灯では緑色が強く出るなど、人工光源では色温度だけでは対応できないものもある。

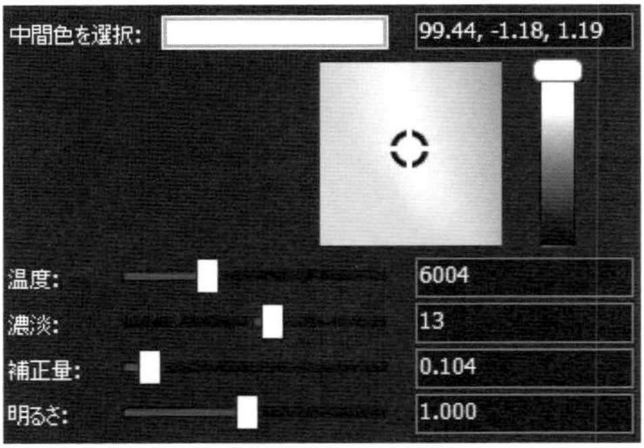

▲ホワイトバランス _ プラグインの例

●ホワイトバランス（WB）の調整

色の違いを補正するには、色の無い白色や灰色や黒などの無彩色部分を基準として、**RGB**を揃える。**色調整用のカラーホイール**の近くの**スポイトアイコン**を使って画面の中の無彩色部分を選べば、その部分でRGBを揃えて全体の色を調整できるソフトもある。また、**「ホワイトバランス」「カラーバランス」**といったプラグインも便利だ。

Information

◆フィルム時代のルック

フィルム時代の色調整は、フィルムの種類とフィルタ、現像・焼き付けで行っていた。フィルムには、昼光5000K程度用**デーライトタイプ**と電灯光3200K程度用**タングステンタイプ**があった。また撮影時に色温度を調整するときは、**ライトバランシングフィルター**を使った。焼き付け時には、**RGB**のそれぞれの焼き付け量を変えて最終的な色の調整を行った。

◆機能名にフィルム時代の名残も

グレーディング関係のソフトを使う場合、フィルムの知識が前提で機能の名前がついているものもあるので、**フィルムルック**を再現するときには覚えておくとよい。なお、色はフィルム会社とブランドによっても違う。フィルム時代の映画が、地域ごとに映像の特徴が違う原因のひとつだ。鋼鉄色の表現、有色人種の表現など、被写体によってフィルム会社を選んでもいた。

POINT ロケとスタジオ撮影をつなぐなど、撮影時の事情によっては、同じシーンのカットの色や明るさを合わせる必要がある。このときに必要になるのが、色温度の知識だ。

コツB

カットの色を合わせる方法

ロケとスタジオ撮影やCGカットの色を合わせる場合、色温度を使うほかにも方法がある。

●プラグインで自動調整

ショットマッチ、**カラーマッチング**などと呼ばれるプラグインを利用し、色・明るさを基準になるショットに合わせる。例図では、ロングカットを基準にして、アップカットを調整している。

●手動で合わせる

調整するカットを表示させて、**ビデオスコープ**を見ながら画像調整用の**プラグイン**などで色と明るさを操作する。下の例図では、編集ソフト上で、基準にするカットの一部を操作対象のカットに重ねて表示させている。

【操作手順】

①ビデオスコープを表示

ウェーブフォームと**ヒストグラム**は**明るさ**、**ベクトルスコープ**と**RGBパレード**は**色**だ。

②波形を合わせる

基準画像を表示させ、ウェーブフォームとRGBパレードの波形が基準画像の部分と同じように調整する。

③画像を切り替えながら作業する

ヒストグラムとベクトルスコープは、画像を切り替えながら合わせる。

※例図の場合、レベル調整とプライマリ色調整で合わせた。

ワンモアアドバイス

色温度で時間を操作する

ホワイトバランスのプラグインに、色温度を指定できる機能が備わっている場合、ここで紹介した原理を逆手にとって、昼や夜や夕方らしい色を作ることができる。編集作業にとってカラーグレーディングは重要な工程なので、いろいろ試して納得いく表現を見つけてほしい。その場合、時間帯で光の来る方向も変わるので、コントラストや明るさなどの調整も同時に行うようにしよう。

TAKE 36

世界観を伝える映画のルックを作る

コツA

映画のルックを作ろう

ルックとは、映画の映像の見た目のことだ。さまざまなものがあるので、以下に紹介する。

●フィルムルック・シネマトーン

フィルム映画風の映像。自分のイメージに合う動画・静止画を編集ソフトに取り込んで、ビデオスコープで分析しつつ調整すると方向性が見えやすい。重要な順に挙げる。

①コントラストを強めに：ヒストグラムを参考に、**カラー曲線（トーンカーブ）**で暗部を下げ明部を上げるS字のようなカーブを作る。

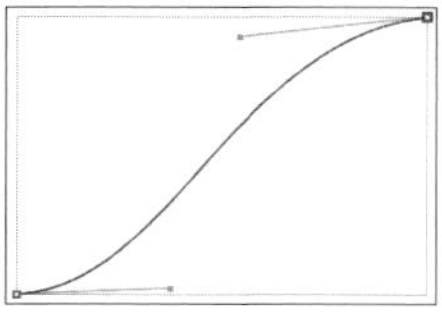

②色被り：フィルムの色味に合わせて、**3ホイール**で色を調整。彩度（サチュレーション）はデジタル撮影より低いものが多いが、8㎜などのリバーサルフィルムやテクニカラーは高い。**ベクトルスコープ**を参考に。

③グレイン（粒子）など：小さな8㎜・16㎜や高感度フィルムは、荒い粒子がよく見える。このフィルムの粒子を**プラグイン**などで追加する。フィルムの傷やゴミ、フィルム送り揺れなどをシミュレートするものもある。

●白黒、モノトーン

白黒にもさまざまな種類がある。初期の**オルソマチックフィルム**は、赤が写らず肌が黒っぽく見える。1930年代頃からの**パンクロマチックフィルム**は、肌が明るく写る。撮影時に赤系や緑系などの**色フィルター**で肌の明るさを調整したり、現像時にモノクロに色をつける**調色（トーニング）**技法も現れた。再現するには、効果をかける順番に注意する。

①**撮影時**のフィルムの種類や使用フィルタをイメージし、**色調整**や**トーンカーブ（カラー曲線）**、**RGB**調整などでシミュレートする。
②彩度を0にして白黒に。
③さらに色調整して、調色をシミュレートする。
④必要なら①〜③のどこかに、色カーブやグレインやシャープネスやグロー（光にじみ）などの調整を入れる。

●あの映画の白黒を再現するには？

初期チャップリンの映画風なら、①オルソなので青を残して緑＋赤を落とす ②彩度0に ③黒やセピア調など ④色カーブで強めのコントラストと締まった黒に ⑤グロー効果で光のにじみを作ってもよい。一方、技術の発達した『ペーパー・ムーン』（'73米）の白黒なら、コントラストはなだらかで暗部と明部がはっきりしていて、グローなどのノイズのないシャープな映像だ。

Information

◆名作のグレーディング

冷戦期のタルコフスキー監督、ソクーロフ監督らのソ連現像所での調色は素晴らしい。当時の西側世界では見かけないルックだった。後にその技法が広がったのか、青山真治監督『EUREKA ユリイカ』（'01日）も近いルックを作っていた。モノクロ映像の表現の豊かさを感じさせてくれる。ジュネ監督『アメリ』（'01仏）では赤と緑にこだわり、時には顔の色が黄緑になることもある世界観だ。スピルバーグ監督『プライベート・ライアン』（'88米）では上記オートン効果に近い手法でフィルムの銀残しのような画を作った。観客は飽きやすい。流行ではなく他にないルックの映画を。

POINT 映画の見た目の印象を、ルックと言う。映像の見た目は、作品の世界観に観客を巻き込むために重要な要素だ。映画が語る世界を体感させるルックを作り出そう。

※監修者WEBページ「映画制作の教科書シリーズ」https://filmmakebook.minatokan.com（カラー画像あり）

コツⒷ

さまざまなルックを作り出す方法

●ティール&オレンジ

人物を目立たせるために肌をオレンジ色に、そのほかを補色（ベクトルスコープの180°反対側）に調整する。

①**プライマリ色調整**で、全体を肌色と逆側に調整する。

②**セカンダリ色調整**で、肌色部分を抜き出し、肌色方向に調整する。選択範囲をなじませる。

※＋マスク機能を使ってもよい。

※①と別のトラックに、②の人物以外を透明にしたものを重ねてもよい。

表情が目立つようになる

●オートン効果風

同じ画像をぼかしたり白黒にして合成。

①元画像を複製して、**ブラー効果**などでぼかす。

②元画像を白黒に。

③①の上に②を重ね、透明度を下げ合成する。

不思議なにじみが出る
①+②=③

ワンモアアドバイス

好きな絵画や写真にマッチさせる

TAKE35のカットの色を合わせる方法の面白い応用がある。自分の好きな絵画や写真を取り込んで、それに合わせてカットの色を調整するのだ。例えば、中世の絵画、好みの写真やイラスト、映画など、さまざまなルックが基準として使える。撮影前の打ち合わせの際に目指すルックの参考資料として使われていた画像を、編集時にもそのまま使ってもよい。

TAKE 37

最新技術から古典技法まで これが映像の合成だ

コツA

基本的な合成方法

合成は、古くから行われてきた。フィルムを巻き戻して撮影したり、焼き付けるときに別のフィルムを重ねて焼き付けたり。デジタル編集ではトラックを重ね、上のトラックのカットの透明度を変えたりして二重に写す。

●合成モードの例

・標準・ソースアルファ：カットの透明度を使う。透明な部分から下のトラックが見える。透明度を操作して半透明にも。

・乗算・マスク：ピクセルごとに、上の色を下の色と乗算して合成する。片方が黒だと、合成結果も黒になる。

・スクリーン：上の色の逆を、下の色と乗算する。明るくなる。乗算・マスクの逆。

・オーバーレイ：暗い色は乗算、明るい色はスクリーンで合成。コントラストが高くなる。

・覆い焼き：上の色に基づいて、下の色を明るくする。

・書き込み：上の色に基づいて、下の色を暗くする。

●透明部分を作る

・画像の拡大・縮小：カットを拡大したり、画面の一部に小さく表示したり、回転したり。この場合、画像の外の部分が透明になる。

・マスク機能：画像の一部を切り抜いて透明にする。アニメーション機能で変化をつけたり、選択部分のふちをぼかしたりも。

・セカンダリ色調整：色で選択した部分やそれ以外を透明にする。グリーンバックもこれで透明にできる。

①上下のトラックに合成する画像を配置。

②上のカットを縮小し回転させて角度をつけ、合成用の画像を作る。

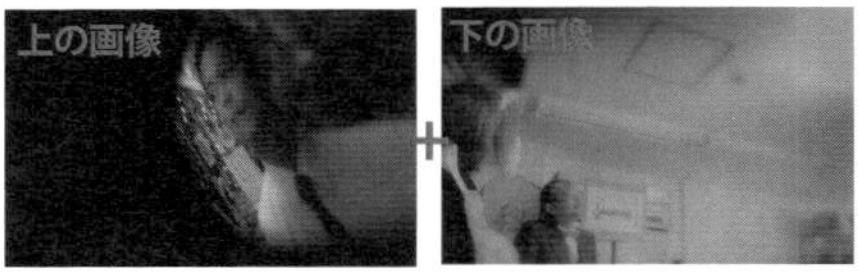

③↑上の画像を半透明にするために透明度55%にして、両方を表示する。

④空中に映像が浮かぶイメージが完成。↓

●その他のアイデア

・カメラを固定して同一人物に画面右と左で演じてもらい、左右を半分ずつの画面で合成。同一人物が顔を見せたままで会話できる。『バック・トゥ・ザ・フューチャー PART2』('89米)の、年老いたビフと若いビフが会話するシーンなどが有名だ。

・テレビやスマホの画面表示部分を、別に用意した素材をはめ込んで差し替える。

・撮影時に不要な落書きや看板などがある場合に、合成で消す。PhotoshopやGIMPなどの画像処理ソフトで素材を作ると便利だ。

POINT

映像を組み合わせることで、新しい世界を作り上げることができる。最新の合成方法だけでなく100年前から続く基礎的手法を理解すれば、センスよくさまざまな世界を作れる。

コツB

合成用背景の使い方

グリーンバックや**ブルーバック**合成は、**人の肌と離れた色味**の背景の前で撮影する方法。緑や青は、背景の色を透明にするときに、誤って人物の一部が透けてしまうことを防げる。専用プラグインも多い。

グリーンバックでの撮影　　合成後の画像

●撮影時の品質が重要

グリーンバック合成は、**撮影時の品質**が大事だ。照明で**影やしわのない単一色**にするのが望ましい。ムラがあって上手く抜き出せないときには、色調整をしたり、マスク機能を使って使用する部分だけを切り出したりする。それでも無理なら、最後はひとコマひとコマ手でマスクを切って抜き出すことになる。『トロン』('82 米) の顔のマスクはこの方法。

コツC

さらに合成関係の特殊効果を知る

●スローモーションは再生速度の調整で

スローモーションは、カットごとのプロパティなどで再生速度を遅くすることで作れる。フレームレート24コマの編集プロジェクトの場合、60Pで撮影された素材なら60/24で2.5倍のスローモーションまではスムーズに動く。カクつくときは、足りないコマを前後のコマの差から生成する機能やプラグインを使う。

●早回しも再生速度の調整で

再生速度・逆回転・コマ落とし・フリーズなどは、カットの再生速度を調整して行える。

●合成技法はトランジションにも

合成技法は、O.L.(ディゾルブ) やワイプ、アイリスイン・アウト (画面の一部から見える・残る) などの**トランジション**にも応用できる。

●合成時のフレームレート

合成する映像のフレームレートが異なると、違和感を覚える。例えば、秒12コマのアニメーションの背景に実写の秒24コマの人物を合成する場合など。再生速度の機能を使い、1秒間のコマ数を揃えよう。

ワンモアアドバイス

最新技術だけとは限らない特殊効果

最新の合成技術は、観客にとっては見慣れたもの。だから逆に、忘れられた技術を甦らせて使うと、かえって新鮮味を出せる。『マイノリティ・リポート』('02 米) の宙に浮かぶウィンドウシステムや『スター・ウォーズ EP4』のホログラムなどのベースは、古典的かつ基本的な二重写しだ。これ見よがしの技術ではなくさりげない技術で、自然に別の世界観に引き込むことに成功していると言えるのではないだろうか。

TAKE 38

タイトル機能を使いこなす テロップと字幕

コツⒶ 文字情報の表現範囲

上映や放送では、画面の端が表示されないことがある。このため表示される範囲の基準があり、これを**セーフティエリア**という。

●最新のセーフティエリア

2023年現在では **16:9** 放送画面で**93%**以内が基準。95%以内に文字や図形、提供など重要な情報は90%以内とされている（一般社団法人電波産業会 技術資料 ARIB TR-B4）。映画館での上映もほぼこの考え方で問題ないが、確実にするためには上映館でのテストを行いたい。編集ソフトでは、この基準をモニターに表示させることができる。

編集ソフトでは、タイトルやテキスト、テロップなどの名前でタイトルを作る機能が提供されている。機能的に不足な場合は、画像編集ソフト（Photoshop, Paint, フリーのGIMP, Inkscape など）で編集解像度に合わせた透明付きの画像を作るとよい。

▲タイトラー機能を利用して挿入する。

コツⒷ タイトルを見やすくする

●フォントは視認性重視

日本語フォントは、**明朝・ゴシック・丸ゴシック**などが各社から発表されている。**ボールド（B）**は、太文字のこと。サイズの調整も重要だ。画面サイズ・解像度に対してあまりにサイズが小さいと読めなくなることがあるので、フル解像度で確認するようにしよう。

●色と背景を注意して調整

白い画面に白い文字だと見えない。背景の色や明るさで見やすい文字色にしよう。**スーパーインポーズ**（背景映像に文字を重ねる）の場合は、特に注意が必要だ。背景に沈んでしまう場合は、次のような方法を検討する。

▲**縁取り（アウトライン）**：文字の周囲に色を表示する。背景になじませたり、同色系の背景から際立たせたりできる。

▲**ドロップシャドウ**：背景に文字の影を落とす。立体的にするほか、背景と分離する効果がある。影は色のほかに、文字からの距離やぼかす割合などを決められる。

▲**座布団**：文字の後ろに四角や円などの図形を表示させる。文字全部ではなく一部のみでも効果がある。

POINT 映画の文字情報には、テロップ、字幕、スーパー（スーパーインポーズ）、タイトルなどがある。編集ソフトでは、タイトルやテキスト機能などと呼ばれることが多い。

コツⓒ

タイトル表示の技法

タイトル表示にはさまざまな技法があり、これらを組み合わせると多種多様なテキストの表示ができる。

・**アニメーション**：タイトラーでの設定や画像テキストを動かして表示する。

・**実景の後ろに**：撮影素材にマスクを切って透明部分を作り、その下のトラックにテキストを配置、さらにその下に元の画像を配置すれば、物の後ろに文字があるようにできる。（TAKE37）

・**画面追従**：撮影素材の画面の動きを解析、それにテキストを追従させる。

・**3D テキスト**：3DCG ソフト（フリーのものには Blender などがある）で、実景画面とカメラ位置を合わせた立体の文字を作る。

▲DVD、言語別字幕例（オーサリングソフトで作成）

コツⓓ

字幕やテロップの時間・量・入れ方

観客が読み取れることに配慮すると、文字情報は表示時間も文字量もかなり厳しい。字幕では意訳して短くしたり、オリジナルのテロップでは要約して伝える必要がある。

・**表示時間**：観客が読むスピードは、日本語なら**1秒あたり6文字～4文字**程度以下、**英文12 文字**以下。これより速いと追いかけられない。内容を知っている制作側は読めないことに気づかないことが多いので、できるだけ余裕を持った表示速度にしよう。

・**文字数**：１画面の表示文字数は、最大で**日本語13～20字２行**まで、**英語40～42字**まで。２行になるとかなり読みにくくなる。

●**字幕の入れ方**（左：参考画像）

字幕は、編集時に映画に合成しレンダリングして、**「字幕入り動画ファイル」**として作る方法もあるが、DVD やブルーレイディスクや配信などでは、映画本編とは別に**言語別字幕データ**として記録させ観客に選んでもらう方法もある。映画館用 **DCP**（TAKE47）でもできるが、使用フォントのなどのトラブルもあるので確認が必要だ。

ワンモアアドバイス

字幕技術の進化の歴史

スーパーインポーズされた翻訳字幕は、初期は手書き文字から版を起こしパンチしてフィルムに傷をつけて作っていた。後には、字幕を撮影してプリント時に二重に焼いて作った。現在でも、この字幕風の日本語フォントがある。当時、映画祭などで数度だけ上映されるような場合は字幕入りプリントを焼く費用が見合わないため、字幕のみのスライドをスクリーンに同時に投影したり、あらすじを書いたペーパーが配られたりした。

TAKE 39

メインタイトルとクレジットタイトル

コツA

メインタイトル（題名）を作る

映画の題名を表示するタイミングは、配給や制作団体などのロゴや表記が入ってからになる。その後は、冒頭にくる場合のほか、タイトル前エピソード（**アバンタイトル**※）後の場合、まれに本編最後や**エンドクレジット**後に表示される場合もある。

●映画冒頭は最大のチャンス

映画冒頭は、**観客が一番集中して観ている時間**だ。一番初めに映像と音が見えるとき、どんな映画か多少緊張しドキドキしている。催眠術師にとっては映画の魔法に誘導する最大のチャンス。スムーズでフック（引っ掛かり）のあるタイトルを工夫しよう。

●挿入のタイミングはさまざま

メインタイトル、オープニングクレジット、エンドクレジットのタイミングはさまざまで、本編中に重ねることも多い。音も、最初の配給ロゴから映画の効果音や音楽が使われることもあるし、映画オープニングから始まる場合も多い。

【例】［配給・制作団体 ロゴ・表記］→［オープニングクレジット］＋［アバンタイトル］→［メインタイトル］→［本編］→［エンドクレジット］

※映倫や JASRAC などの表記の配置は、各団体の指示に従う。

※**アバンタイトル：**メインタイトル前のエピソード。

タイトル例①

タイトル例②

Information

◆オープニングの工夫

昔から冒頭での引き込み方は、**多重露光**や**長時間露光**、大戦時の弾道計算用アナログコンピュータ時代からの**CG**、**スリットスキャン**、**シュノーケルカメラ**など、各種の技術や演出で工夫が凝らされてきた。『八十日間世界一周』（'56米）や『北北西に進路を取れ』（'59米）などが有名なタイトルデザイナー、**ソール・バス**の仕事は、今見ても素晴らしい。『悪魔のいけにえ』（'74米）の、暗闇から時々光フラッシュで見たくないものが一瞬だけ浮かび上がる**冒頭からタイトル**へも印象的。『2001年宇宙の旅』（'68米）では、冒頭、会社ロゴが短くF.O.し、音楽と共に現れた暗闇の光が宇宙から見た月・地球・太陽の多重日出と分かると、会社・制作者・題名が順に表示される。同じキューブリック監督の『フルメタル・ジャケット』（'87米）では、黒バックの簡素な題名から軽い歌が流れ、床屋で主人公たちの髪が剃り上げられてゆく画面へ。どちらも**シンプルで引き込まれる**。『スター・ウォーズ EP4』の冒頭も、音楽と共に題名が奥へ消えてゆき、それに字幕が続いてからの宇宙を走る宇宙船への流れも見事だ。

POINT 題名とクレジットタイトルをどう入れるか。映画においてオープニングは観客を惹きつけ、エンディングは余韻を残す。さまざまな工夫で観客を引き込んで、あとに残る印象を作り出そう。

コツB

クレジットタイトルを作る

クレジットタイトルは、キャスト・スタッフ・各団体など貢献者一覧を示す。また、契約やライセンスに基づく法的な義務を果たす。

●確認の必要性

クレジットタイトルは、間違えると大変だ。事前にテキストや画像データにまとめて、全員にSNSやメールで確認してもらおう。

●分割かロールか

クレジットを1枚ずつ切り替え**分割表示**する場合、サイズ修正などが発生した場合の作業が大変になる。**ロールクレジット**は1枚の画像なので、手間が少ない。主要なスタッフ・キャストを1枚ずつ出し、その後、全体をロールで表示する方法もある。

●スペースとサイズ

分割の場合は、1枚の表示人数で重要度を表す。主役や重要人物1枚で1人など。ロールの場合は、前後の行間で示す。また、文字サイズも重要度で変えて表示することもできる。

●作り方の例

編集ソフトのタイトラーを利用するか、画像編集ソフトで画像化し、タイムラインに入れるために細長い画像を作って下から上に移動させることで、ロールアップさせることができる。文字がスクリーンからはみ出さないように、画面から少し内側のセーフティエリア内に配置する。(TAKE38)

撮影 松本大樹 ③
助監督 板垣弘子 ④
編集 小橋昭彦 ⑤
音楽 片岡れいこ ⑥
⋮ ⑦
監督 衣笠竜屯 ⑧

①キャスト：最初は主役、最後は重要な俳優が多い。
②制作部：**プロデューサー・脚本**など。
③現場の技術部：**撮影**や**録音、〇〇助手**など。
④演出部：**制作**や**助監督**など。
⑤ポスプロ関連：**編集**など。
⑥**音楽**担当：曲名など。
⑦**協力・制作団体**など。
⑧最後は**監督**。

ワンモアアドバイス

クレジットでの不思議な言葉たち

Gaffer：照明・電気関係チーフ。Best Boy：第一助手。Alan Smithee：監督が匿名希望時の偽名。現在全米監督協会で禁止し、個別の偽名になった。Director of Photography (DP/DoP) 撮影監督。カメラを直接操作しないことも。導演：中国語で監督。演出：監督であるとは限らない。原案：幅広い。『HOUSEハウス』('77日)では、企画を探していた監督に「練習でピアノが噛みつく」と言った中学生が原案者に。脚色：原作を脚本化した人。エグゼクティブ～：単に名誉職かも。役職に困ったときに。

体験談コラム③

監修者 衣笠の、編集の参考になった映画と本のススメ

衣笠竜屯［本書監修者］

◆グリフィスの作品：黎明期に編集テクニックの多くを生み出し、現代の映画の文法を確立した一人。『イントレランス』（1916 米）が有名だが、さまざまな作品がある。短編『不変の海』（1910 米）では、ごく少ないアングル（カメラ位置）で何十年もの物語を十数分で語るミニマルな映画を編集で作り出した。

◆『最後の人』（1924 独／ムルナウ）
サイレント時代に字幕を使わず、映像のみでドラマを見せきり、セリフを使わず物語る方法を完成させた。

◆『戦艦ポチョムキン』（1925 ソ/エイゼンシュテイン）
モンタージュ理論を確立した。監督は、映画の文法を確立した一人。

◆『これがロシヤだ/カメラを持った男』（1929 ソ/ヴェルトフ）
ドラマではなく、映像だけで見せる方法を追求。様々な編集と後処理のテクニックが秀逸。

◆ヒッチコックの作品：『映画術 ヒッチコック・トリュフォー』（'66/トリュフォーによるヒッチコックへのインタビューを収録した書籍）と共に観ると、理解が深まる。テーマは好き嫌いがあるかもしれないが、映像で物語る達人。サイレント時代にデビューし、その手法はとても映像的だ。

◆ゴダールの作品：映像の切れ端さえあれば編集で世界を作れる天才だと思う。『水の話』（'58 仏）では、盟友のトリュフォーが編集を諦めた即興演出のフィルムを18分の映画に組み立ててみせた。『勝手にしやがれ』（'60 仏）なども、バイクの警官とのシーンなど結果のみで、省略が素晴らしい。

◆『アメリカの夜』（'73 仏/トリュフォー）
数々の映画の嘘の物語。スタントの編集シーンなどが収められている。『映画術 ヒッチコック・トリュフォー』内で話題になった企画を実際に作ったもの。

◆黒澤明の作品：映像で物語を語る方法が鮮やか。『七人の侍』（'54 日）予告編では、3台のマルチカメラの編集を本編とは真逆に使い違う味わいに。以降徐々に発展していくマルチカメラでの編集も興味深い。

◆『ジョーズ』（'75 米/スピルバーグ）
上手くいかない撮影で、編集者が腕をふるった。いくつかのシーンを編集ソフトに取り込んで、編集・演出意図をくみ取りながら分析することをおススメする。空間や時間をいかに無意識に訴えかけるかが、非常に勉強になる。

◆『スター・ウォーズ EP4』（'77 米/ルーカス）
当時の制約の多い特撮ショットを、見事な編集で物語世界に組み立てている。黒澤明はじめ、そのほかのさまざまな古い映画の編集技法を蘇らせている。

◆『パルプ・フィクション』（'94 米/タランティーノ）
脚本構成が有名だが、この物語を映像で語る編集が素晴らしい。この編集者（サリー・メンケ）を、監督はずっと使い続けた。

◆『映画大好きポンポさん』（'21 日/平尾隆之）
アニメ作品だが、映画制作現場の物語。後半の本質やクライマックスは、映画編集についてだ。編集とは何かが問われる作品。

◆編集の参考になる本の選び方：
参考になりそうな本を探すときに、簡単な見つけ方がある。それは文章だけでなく、図版を使って編集技法を説明しているかどうかだ。

映画イメージ：イラスト／服部 真呼

CHAPTER IV

音の調整から納品まで

音量、響き、音質の調整を行い、音を仕上げてゆく。
映画をレンダリングし、完成パッケージを制作しよう。
また、最後に予告編の作り方も解説する。

TAKE 40

アフレコ音声の録音とタイミングの合わせ方

コツA

アフレコを録音する

アフターレコーディング（アフレコ）は、撮影後に主にセリフやナレーションを収録すること。同時録音でセリフを明瞭に録れなかった、内容やニュアンスを変更したい、などの目的を明確にして臨む。

●映像の再生設備
なければノートPCを持ち込む。また、口の動きが分かる専用映像がなければ、マスターショットで代用することも。

●レコーダーとモニターヘッドホン、マイクなど
撮影で使ったガンマイクなどでもよい。

●吸音材
息の吹き風ノイズを防ぐポップガード。マイクの後ろに**反響防止用**のリフレクションフィルターを置くことも。バスタオルでも代用可。反響は、追加は簡単だが、取り除くのは難しい。

座ると発声が変わるため、役者が立って収録できるセッティングが望ましい。

●スタジオでなくても録音は可能
アフレコはスタジオに限らず、自宅や編集室など静かな場所に機材を持ち込んでも実施できる。ただし、反響がひどい会議室だったり、家の庭で犬が吠えたり、カラオケボックスや練習スタジオで音漏れしたりなどもあるので、事前の環境確認は必ずしよう。

●アフレコで演じる役者
録音スタジオで、**金魚鉢**と呼ばれる**録音ブース**に入り、ミキサー室からの監督の指示に対応するのはかなりのプレッシャーだ。できるだけリラックスしよう。

①映像は**何度か再生**してもらう。再生時に、撮影時の演技を思い出したり、映像の動きに合わせたリズムを作る。

②映像の口の形を見て、**リップシンク**する（口と合わせる）のは難しい。全体の演技のリズムを見て合わせよう。

③映像に合わそうとセリフの**途中で速度修正**すると、不自然になる。編集で対応できるので同じペースで続ける。

●サウンドオンリー
ロケ時に、ロケ場所や静かな場所などで音のみを収録することを、**サウンドオンリー**と言う。録音する素材は、音声のみとなる。

POINT アフレコと同時録音とは役割が違う。アフレコの収録は音響担当が行うことも多い。録音はスタジオでなくても可能だが、なじませるための後処理は必須になる。

コツⒷ

アフレコ音声を映像にマッチさせる

●編集で口に声を合わせる

［24 コマ / 秒］の場合、4 コマ以内のずれは気にならない。気になるなら、編集ソフトで調整する方法がある。**A-I-U-E-O** の母音で決まる口の形さえ合っていれば自然に見える。

［40コマ/1.6秒］

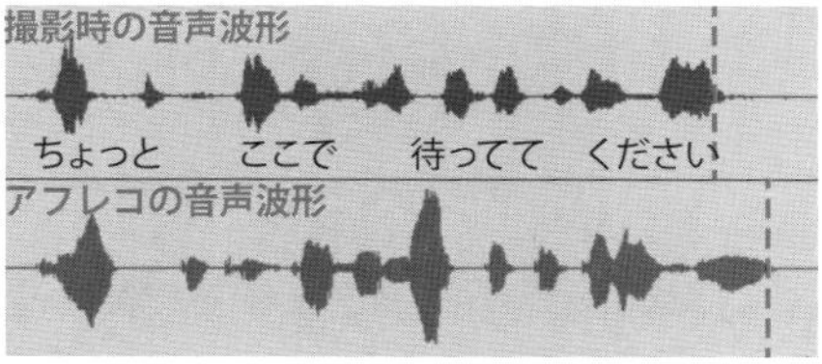

STEP① アフレコを早回し再生して短くする。

STEP② ピッチ（音の高さ）を変えないようにする。

STEP③ 口と音が合った。

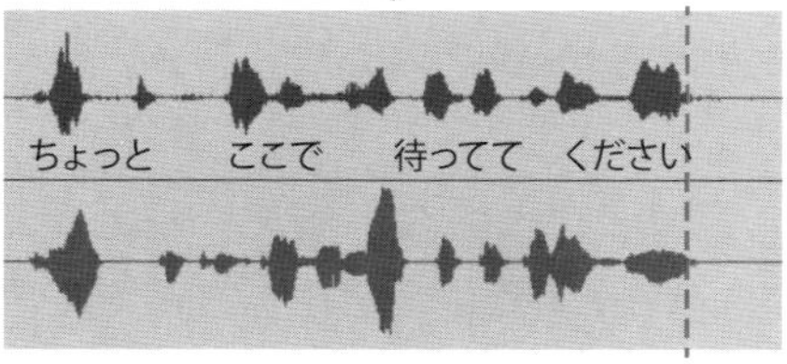

●タイミングが違う場合 ［36コマ/1.5秒］

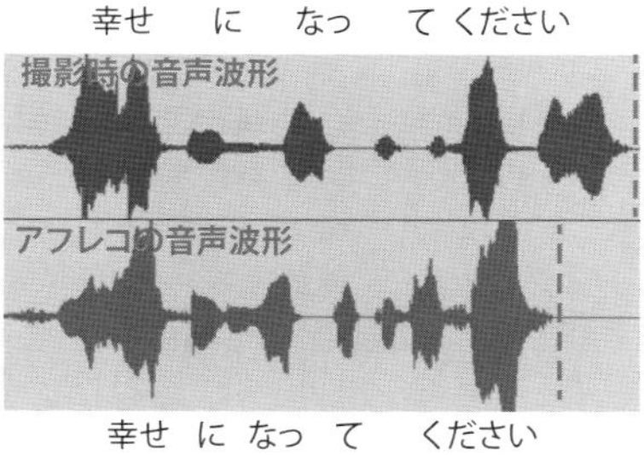

STEP① 下段の音声を「幸せに / なっ / てください」に切り分ける。

STEP② それぞれを移動・伸縮させて、同録の音に波形を合わせる。

STEP③ 口と音が合った。

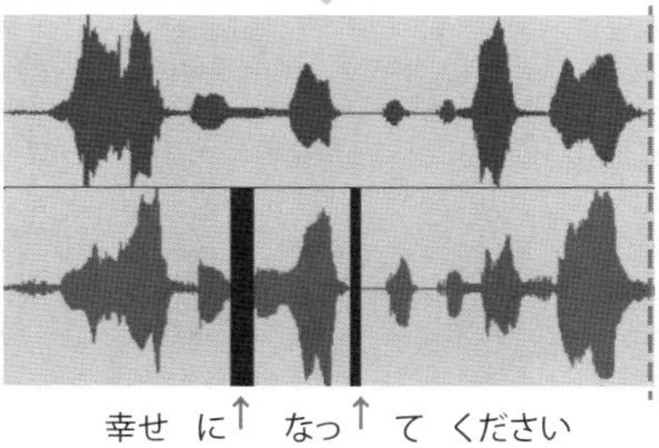

ワンモアアドバイス

アフレコ音声は後処理でなじませろ

アフレコ音声は、後処理をしないと不自然になりがちだ。以下のようなエフェクターを使って、声をその場面になじませよう。（TAKE44・45）

・イコライザー：音の高低の減衰やマイクの特性を調整する。

・リバーブ：響きを加える。

・コンプレッサー：音の大小を整える。

TAKE 41

音声を仕上げる MA (Multi Audio)

コツA

音の特徴を知る

ポスプロの一部である **MA (Multi Audio)** とは、音声を編集・整理する工程だ。**ダビング**や**ミックスダウン**と言われた時期もある。撮影時に映像と共に収録された同時録音（同録）音源以外に、別に用意した効果音やアフレコ、ナレーション音声などを重ねる。これをひとつの世界として感じさせるために、音の特徴を知っておこう。

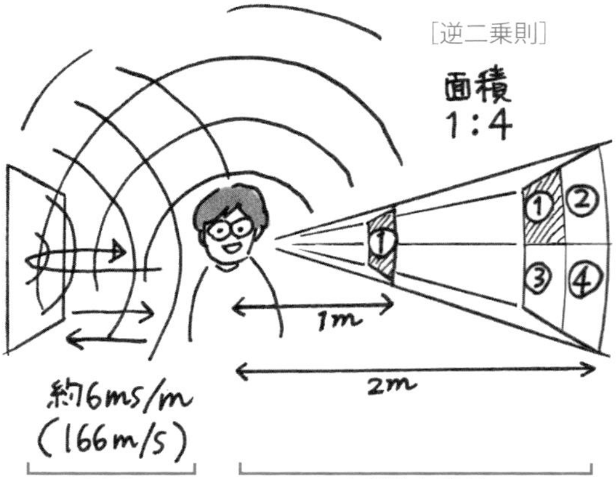

●空気中の音の広がりと音量

・**距離での音量**：音は音源から波紋のように広がる。到達する音の単位面積あたりの強さは、**距離の2乗**に比例して小さくなる。

・**人の耳が感じる音量**：絶対的な大きさでなく対数的に感じる。つまり、小さな音の変化は敏感に、大きな音の変化は鈍く感じる。

【例】距離 1mで1のとき、2 mで1/4（人が感じる音量は1/2）、4 mで1/16（感じる音量は1/4）になる。(TAKE42)

●人が聞こえる周波数 (TAKE44)

大体20～20000（20K）Hz 程度。人の声は**50Hz～1200Hz**程度。個人差もあるが、中心部分は男性で**500Hz**程度、女性で**1000Hz**程度。

●高音と低音の減衰 (TAKE44)

距離が離れると、低音から減衰する（**低音の減衰**）。何かを通ると、高音が遮られる（**高音の減衰**）。テレビや PC、オーディオ機器などで再生すると、主にスピーカーの品質によって、高音・低音が削られる。

●音の速度 (TAKE44)

音は、1m 進むのに約 **ms**（ミリ秒）かかる。反射する壁が10m離れていたら、元に戻るまで 60ms 遅れる。1m で 6ms。実は音は、音源から直接届く音と、さまざまな場所から反射して遅れてきた音が**混じって**聞こえている。

●残響・反響 (TAKE44)

音は何かにぶつかると反射して、元の音より少し遅れて届く。これを、**反響**、**エコー**、**残響**、**リバーブ**などと呼ぶ。屋外だと山や建物など、部屋や廊下だと壁や天井・床で、反射を繰り返して長く続く。細かい隙間の空いた物や柔らかい物、布地やふんわりした土などは、反射が少ない。硬い物、コンクリートや岩・石などは、反射が多い。反響は後で足すのは簡単だが、**取り除くのは困難**なため、スタジオでは反射を極力なくして収録する。

POINT MA（Multi Audio）は、セリフや効果音や音楽などをまとめて、音声を仕上げる工程だ。編集時の最後に行うことが多い。違和感を感じさせないために、音の特徴を知っておこう。

コツB

MA の作業手順（ワークフロー）

映画の音は、①**セリフ** ②**効果音**（単体の音とその場面の環境音）③**音楽**（BGM や音楽）がある。また、（**A**）動画ファイルの中に同録音（**B**）別ファイルに同録音（**C**）別に収録された音源にも分類できる。

STEP① 音源を個別に整理する

まず、各音源を**個別に調整**する。セリフはクリアで聞きやすいように調整し、ノイズを減らす。環境音などの効果音や音楽も、適切なタイミングとレベルに調整する。**映画ではセリフが重要**だ。慣れないと音楽が大きく、セリフが聞きづらくなりがちだ。その他の音は、セリフの 1/4（-12dB）程度から調整を始めよう。

STEP② 音を配置する

同録で別ファイルのもの（ダブル録音）は、**カチンコの画と音**で映像に合わせる。最近の編集ソフトでは、波形を解析して、同じ位置に合わせる機能もある。

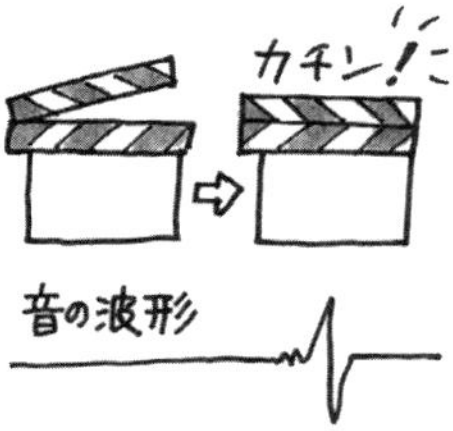

STEP③ 音量を調整する（TAKE44・45）

各音のタイミングや音量を調整する。再生ボリュームは、一定にしてバランスを確認。**ノーマライズ機能**（カットの最大音量を 0dB や -6dB などに拡大する）があれば利用しよう。セリフ部分では、他の音を下げることもある。

STEP④ 音質（周波数や反響）を調整

音を場面になじませる（TAKE44・45）。アフレコや効果音を現実空間に合わせ、イコライザーで周波数ごとの減衰を作り、リバーブなどで反響を作る。

【例 1】**反射の距離**を考えて、遅延時間や特性を調整。部屋の中や駐車場などの反響を作る。
【例 2】アフレコの声は、距離の違和感が出やすい。**100Hz 前後より下**を下げる。性別によっても、範囲や量が変わるので注意。

STEP⑤ 全体のバランスを調整

必要なら**コンプレッサー**など（TAKE45）で、音量差をなだらかにする（音楽などは処理済が多い）。**BGM** は、セリフの 4 分の 1（-12dB）程度でもかなり大きく感じる。**入りや下げをセリフや動きに合わせる**と、意識されなくてよい。効果音も不自然に大きくしすぎないように。

ワンモアアドバイス

音だけを聴いてみよう

映像の編集を研究するときは、「あえて音を消して見ること」を勧めた（TAKE09）。今度は音だけを聴いてみよう。人は映像と音の矛盾を補完する。口の形で”ガ(ga)”と言っている映像に”バ(ba)”と言っている声を合わせると、”ダ(da)”と聞こえる（マガーク効果）。映画の編集でも、これに近い技術が使われる。本当は存在しない映像や音を、見聞きしたように感じさせているのだ。映像と音を別々にしてみると、この仕組みがよく分かる。

TAKE 42

音量を測る レベルとラウドネス

コツA

音量（レベル）は dB（デシベル）単位

●音をデジタルで扱う仕組み

音は、空気中の圧力の変化のこと。それをマイクでとらえ、アナログである電気信号の波として取り出した後に、**レコーダー**や**ADC**（アナログデジタル変換器）で、PCで扱えるデジタルデータに変換する。

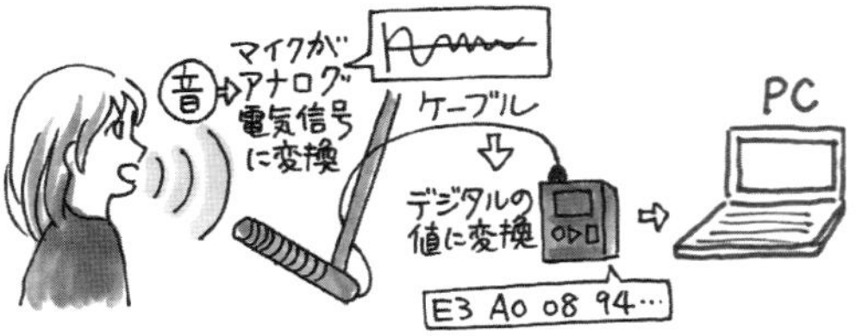

●信号をデジタルデータにする仕組み

アナログ信号を一定に区切って、デジタルデータに変換する。どのぐらい細かく区切ってデータにするかで、音質とデータ量が変わる。

・サンプリング周波数（サンプリングレート）（Hz）：1秒間を、どれぐらいの細かさで記録するか。44100Hz,48000Hz など。

・量子化ビット数（ビット深度）（bit）：音の大きさを、どれくらいの細かさで記録するか。2進数の桁数(bit)で表す。8bit：0～256、16bit：0～65535、24bit：0～16777215 など。

・ビットレート(bps)：1秒間のデータ量のこと。サンプリング周波数×量子化ビット数96Kbps, 192Kbps など。

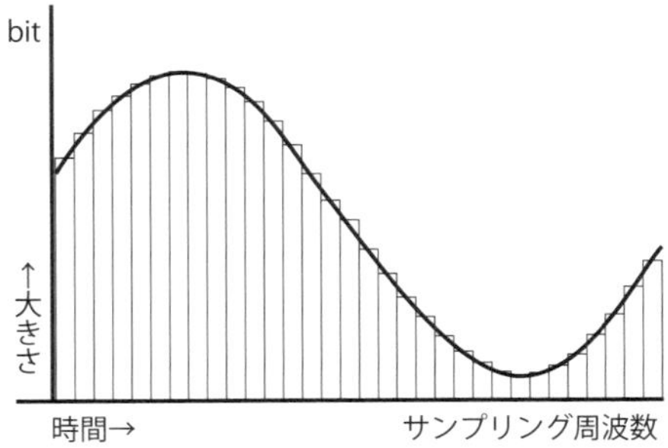

(=1秒間をどれぐらいに分けるか)

●音の単位

音の大きさは、信号の大きさ（**レベル**）で表し、単位は dB（**デシベル**）だ。デジタルで表現できる最大値は 0dB。そこまでの大きさはマイナス値で表する。また、6dB ごとに倍になる。つまり、0dB の半分は -6dB、以下半分ごとに -12dB, -18dB, -24dB …と続く。例えば、-8dB の半分は 6dB 引けばよいので -14dB になる。

※dB の考え方は、人の音量の感覚にあわせて、元の大きさの何倍になるかだ。

・［dB 値］と［何倍］の計算方法

dB 値 $=2\times10\times\log_{10}$（X倍）

（X倍）$=10^{(\text{dB値}\times\frac{1}{2}\times\frac{1}{10})}$

▼レベルメーター（音量表示）例

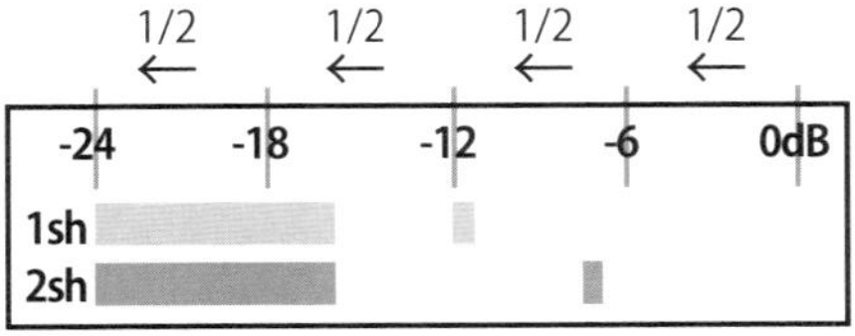

● 0dB 以上は表現できない

デジタルでは 0dB 以上の大きさは表現できず、音が壊れてしまう。余裕を見て一番大きな音が -18dB や -12dB, -6dB になるようにレベルを調整しよう。

POINT 音量は、db(デシベル)で表される。また音の大きさを計るには、レベル（信号の大きさ）とラウドネス（うるささ）の２つがある。音量を数値で管理しよう。

コツB

人の感覚に近いラウドネス

（参考画像：VEGAS Pro）

信号の大きさ（レベル）を示すものは、主に次の３つがある。

・ピーク：瞬間瞬間の信号の大きさ。

・RMS：ピークをある程度平均化した音の大きさ。**Root Mean Square**（２乗した平均値の平方根）。聞いた時のうるささや音圧にある程度近い。

・ラウドネス：周波数による聞こえやすさなども考慮し、人の感じる音量感に合わせて数値化した、音量を示す指標。うるささが分かる。現在は、音の大きさをラウドネスで指定することが多い。

▼ラウドネスメーターの例

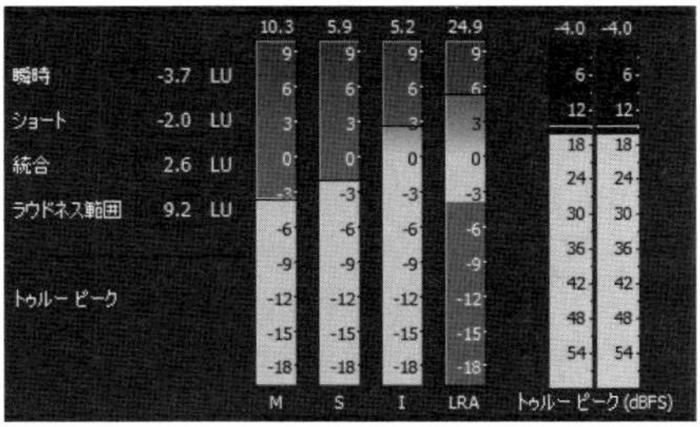

●ラウドネスの単位

ラウドネスでは、**dB**の代わりに**LU**（ラウドネス単位）を使う。単位はdBと同じ。

・M：**モーメンタリラウドネス**。400ms内のラウドネス。

・S：**ショートタイムラウドネス**。３秒内のラウドネス。

・I：**インテグレーテッド（全体）ラウドネス**。全体のラウドネス。

・LRA：**ラウドネスレンジ**。ラウドネスの範囲。低いものと高いものの差が表示される。

▼ラウドネスログ（分析用ラウドネス記録）の例

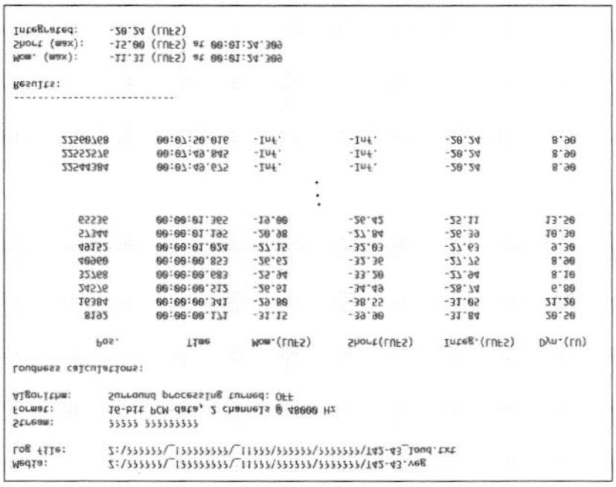

ワンモアアドバイス

ラウドネスの登場でうるささが判別できるように

ピークやRMSなどを基準としていた昔は、番組からCMに切り替わると、作りこまれた音（いわゆる音圧）が高くうるさく感じたものだ。今では基準がラウドネスのため、音が極端にうるさくなることは少なくなった。しかし、一部だけ音が大きいとほかが静かな印象になったりもするため、コンプレッサーなどで音量を揃えて印象を変えることもできる。ラウドネス以外にも、編集ソフトで波形を見て音量が詰まっているかどうか見当がつくこともある。

TAKE 43

音量調整で映画全体の音のバランスを整える

（参考画像：VEGAS Pro）

コツⒶ

ミキサーで音量調整を

▼ミキサーの例

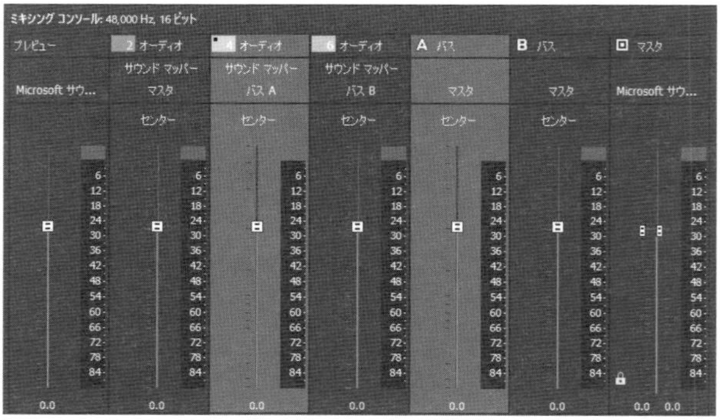

編集ソフトには、たいてい音声トラックをミックスしてまとめる**ミキサー機能**がある。ミキサーには、各トラックのボリューム調整（**フェーダー**）と**レベルメーター**表示、さらに各種の**エフェクター**がついている。それらの各トラックの出力をまとめて**マスターフェーダー**に送られ、ミックス後の全体の音量を調整でき、レベルメーターで確認できる。

▼ミキサーのダイヤグラム図の例

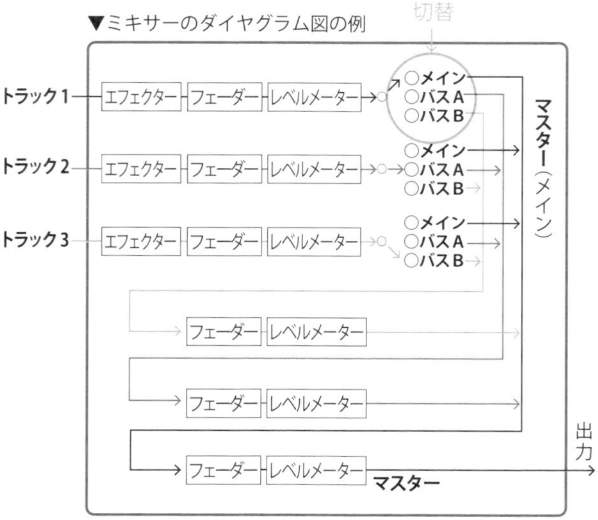

ミキサー機能はソフトによって違うので、ヘルプやWEBなどの技術資料にダイヤグラム図などがあれば参照しよう。

●バス機能

バスとは、各トラック（Tr）の音を直接出力（**マスター**）へ送らず、**バス**と呼ばれるルートを経由させる機能だ。例えば、セリフがトラック（Tr）1と3、環境音がTr2と4、ラジオの音がTr5と6に記録していたとする。トラックごとにそれぞれ調整した後、Tr1、3はそのまま**マスター**に送る。環境音のTr2、4は**バスA**、ラジオ音のTr5、6は**バスB**に送る。こうすると、環境音をすべて調整したければ**バスA**を、ラジオの音を調整したければ**バスB**を調整すればすむ。最終的には、**マスター**（メイン）で全体の音量をコントロールできる。

POINT 音量調整は、MAで最も大切な調整だ。最後の仕上げでは、タイミングとともに微妙な調整が多くなる。ミキサー機能を活用して、全体のバランスを崩さぬよう慎重に作業を進めよう。

コツB

トラック内で音量調整をする

ほとんどの編集ソフトでは、カットごとに、**ノーマライズ機能**で最大ピークを何dBするかに揃えることができる。また、そこから音を調整できる。

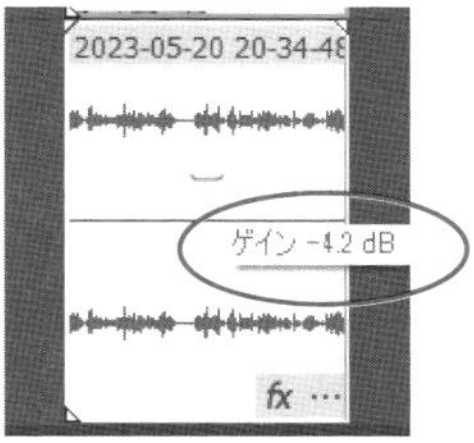

●音量の変化をつける

トラックでボリューム曲線などを表示させ、**コントロールポイント**（○印）の操作で、音量の変化をつけることもできる。

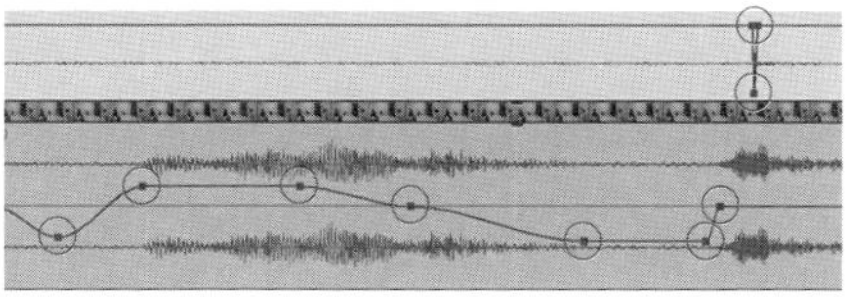

●不要音を消す

ボリューム曲線を応用し、コップを置いた一瞬の音が大きすぎるのを下げたり、一瞬入ったノイズを削除することができる。

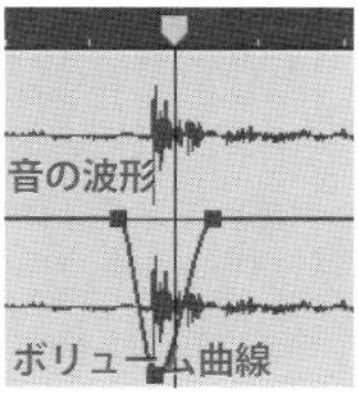

●環境音を追加する

不要音を消すと、一瞬音が途切れたり、カットの切り替わりで環境音の違いが目立つ場合がある。対策として、別のトラックに全体の環境音を置いておくとよい。(TAKE25)

●フェードの調整

フェードイン（F.I.）・フェードアウト（F.O.）は、ボリューム曲線で行うか、カットの端で**マウスカーソル**を操作して追加できるソフトが多い。**エフェクト**を**ドラッグ&ドロップ**するものもある。

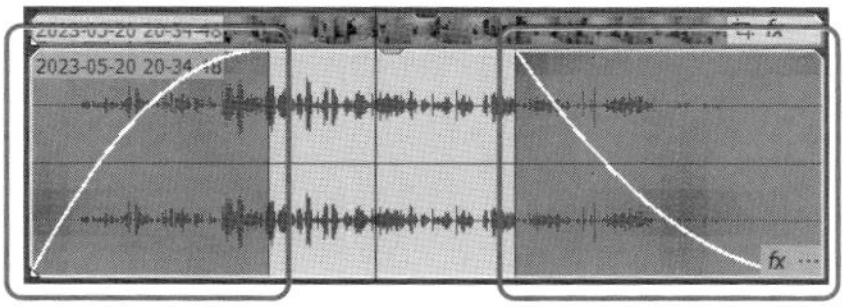

●トラックを活用したO.L.

オーバーラップ（O.L.）もF.I.とF.O.を別トラックで重ねてできる。また2つのカットのつなぎ目で**マウスの右クリック**や**エフェクトをドラッグ&ドロップ**したり、単に**カットの端**を重ねたりしてできるものも多い。

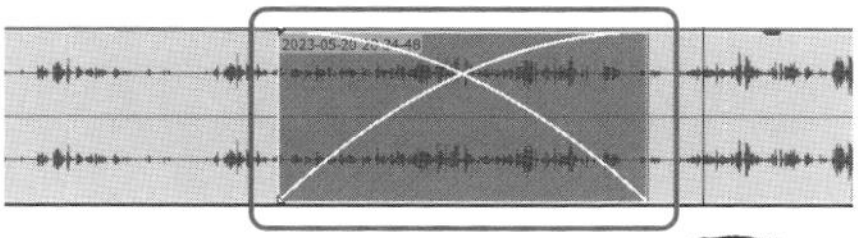

ワンモアアドバイス

作業中はモニター音量を一定にしよう

仕上げで音を調整するときは、全体を通して一定の音量で作業しよう。仕上げで微妙な調整を行っているときに不用意に変えてしまうと、映画の部分ごとに思わぬ音量バランスの崩れが起こってしまう。一時的に音量を下げたいときは、ヘッドホンやDIMスイッチ(TAKE03)などを使おう。編集ソフトでは、モニターやミキサーの付近にDIMスイッチがあることが多い。

TAKE 44

音のエフェクト①
イコライザー、ピッチ、リバーブ

コツⒶ

音のフィルタリングを知る

●音色を変えるイコライザー

イコライザーは、音を周波数ごとに強調あるいは減衰させて音色を変えるエフェクト。初心者は強調を使いがちだ。基本は減衰させて音を**フィルタリング**するものと心得ておこう。

【グラフィックイコライザー例1】(参考画像 VEGAS Pro)
人の声を聴きやすいように、それ以外の周波数を減衰させている。(TAKE41)

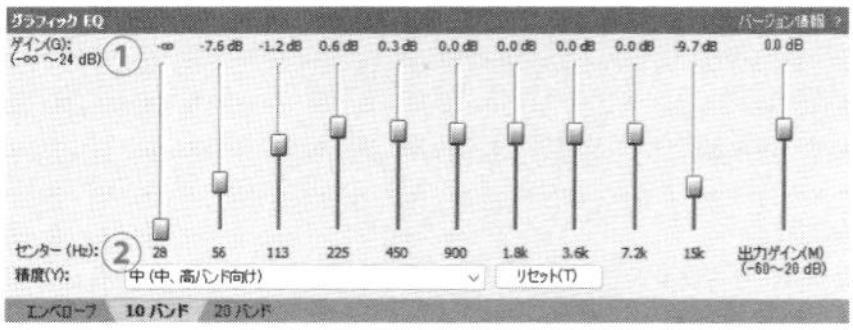

①ゲイン：センター（中心周波数）をどれぐらい**減衰/強調**するかを指定。このソフトでは、単位は**dB**で表示されている。**-∞**は無限小。
②センター(Hz)：操作する周波数の中心。センターから一定の幅が変化する。

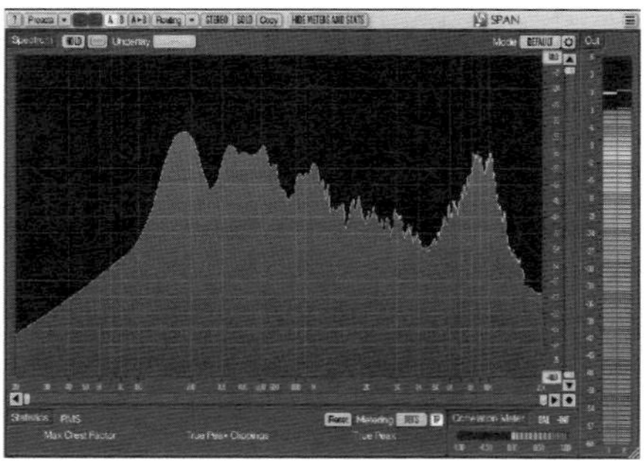

【グラフィックイコライザー例2】(参考画像:VEGAS Pro)
人の声を聴きやすくするために、**80Hz** 以下の低音を減衰させ、**500Hz** を中心に広く少し強調、**2800Hz** より高音を減衰させている。さらに、電源ハム(関東 50Hz/関西 60Hz)の倍音**120Hz** をカット。

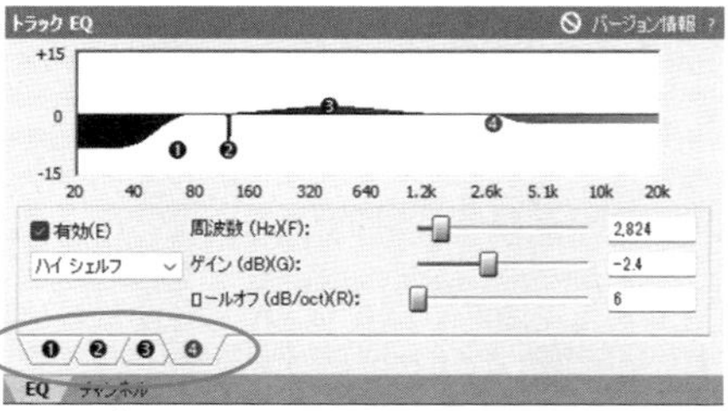

・①〜④の 4 つのフィルターがあり、それぞれのタブで調整。**有効 / 無効**を選べる。
・フィルターの種類を選ぶ。**ローシェルフ**（指定した周波数より下を操作）、**ハイシェルフ**（周波数より下を操作）、**バンド**（周波数周辺を操作）。
・周波数 (Hz)：操作する周波数を指定する。
・ゲイン (dB)：**減衰（カット）/ 強調（ブースト）**する量。
・ロールオフ (dB/oct)：（ハイ・ローシェルフの場合）どれぐらいのなだらかさで変化させるか。オクターブごとのデシベル変化量。
・帯域幅 (oct)：（**バンドの場合**）操作する範囲。オクターブ単位。

●スペクトラムアナライザーで確認

(◀参考画像：Voxengo SPAN)
周波数ごとの信号の強さを表示するのが、**スペクトラムアナライザー**。不要音やノイズ、人の声などの周波数の見当をつけることができるため、イコライジングする場合に確認しながら作業できる。

POINT 編集ソフトに搭載されていたり、プラグインで呼び出す音を加工するためのエフェクトには、さまざまなものがある。映画の世界を物語るために、より効果的な音響を作り出そう。

コツⒷ

音の高さを変える

音の高さを調整するのが、**ピッチ**。カットや素材の**プロパティ**や**エフェクト**で行うことが多い。セリフやSEなどの音の高さを変えたり、スピードを変えた場合に、元の高さから変えないようにしたりできる。

●ピッチの操作

ピッチを変える計算方法、品質やスピードの変更とピッチの関係、**フォルマント**（声の特徴的な周波数成分）を保持するかどうかなどを指定できる。（▼参考画像：VEGAS Pro）

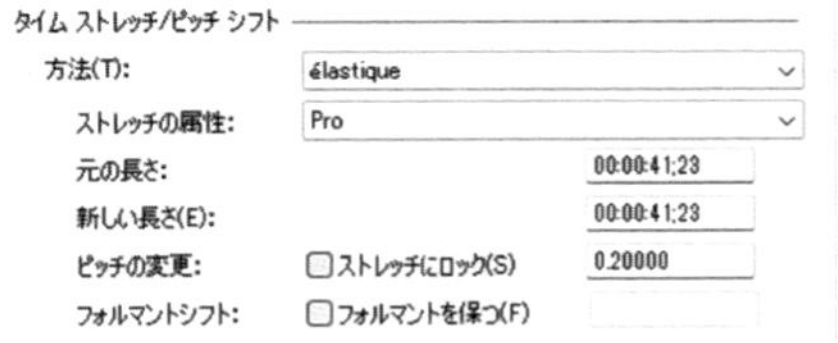

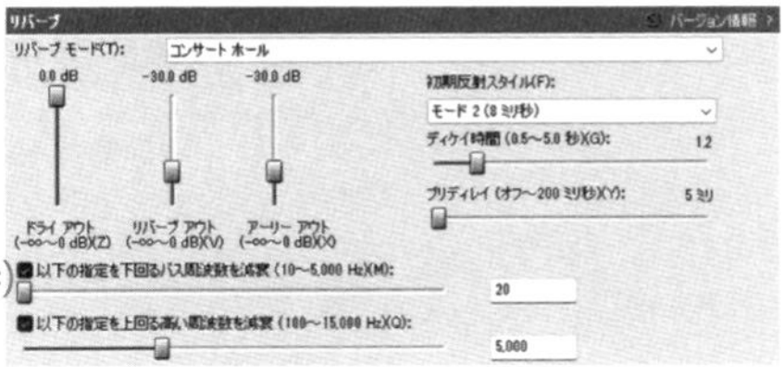

(*)

コツⒸ

反響を作る（参考画像左下：VEGAS Pro）

音の反響を作り出すのが、**リバーブ**（残響）。エコー（反響）、ディレイ（遅れ）、コーラス（合唱）とも。元音に少し遅らせた音を足す原理は同じだが、長さや目的などで区別される。

●同録にアフレコを合わせる

部屋のシーンの一部をスタジオで収録すると、違和感が残る。**イコライザー**で音色を合わせ、**リバーブ**で残響を作ると、同録音声になじむ。

- リバーブモード：残響の種類。
- ドライアウト：元の音の音量。
- リバーブアウト：残響の音量。小さいと音源の近くに、大きいと離れたように感じる。
- アーリーアウト：初期反射（反射して届く音のうち最初のもの）の音量。
- 初期反射スタイル：初期反射の種類。
- ディケイ時間：反響が小さくなる時間。
- プリディレイ：初期反射の届く時間。これで人は空間の大きさを判断する。
- (*)以下の～：元音より長い距離で届く残響の、高音・低音が減衰するのをシミュレート。

ワンモアアドバイス

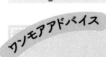

VSTプラグイン規格を使おう

Steinberg's Virtual Studio Technologyは、音声のプラグインの規格。扱える編集ソフトや音声用ソフトだと、後から別の開発者が配布しているVSTプラグインを追加して利用することができる。イコライザー、リバーブ、スペクトラムアナライザーや各種ノイズ低減プラグインなどさまざまなものがあるので、気に入ったものを使うことができる。macOSでは、同じようなプラグイン規格AU(Audio Unit)がある。

TAKE 45 音のエフェクト② 音量の調整とノイズを除去

コツA

音量を調整する（参考画像：VEGAS Pro）

●コンプレッサー

大きな音を小さくして、音量の範囲を狭める。最大の音量が下がった分、全体の音量を上げて、結果的に小さな音を大きくすることもできる。

▼コンプレッサー例

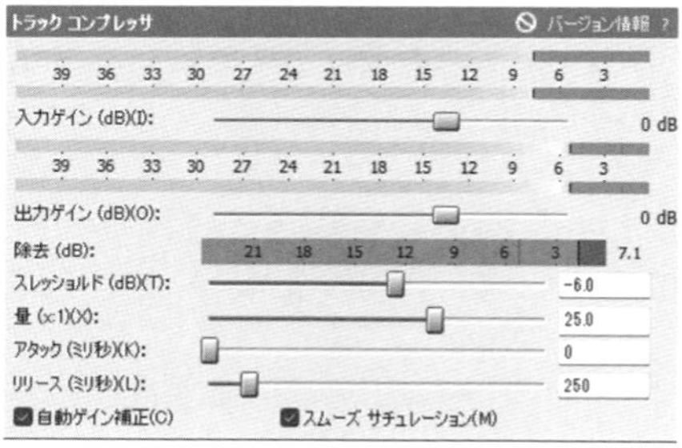

・**入力・出力ゲイン**：入力信号と出力信号の大きさ。メーターと調整。

・**スレッショルド**：しきい値→この音量を超えると大きくなる比率を下げる（圧縮）。

・**アタック/リリース**：アタックはスレッショルドを超えてから圧縮するまでの時間、リリースは圧縮を止めるまでの時間。多少の時間があると自然に聴こえる。

・**自動ゲイン補正**：圧縮した分だけ全体の音量を上げる。

・**スムーズサチュレーション**：圧縮の変化をゆるやかにして歪みを減らす。

●リミッター

コンプレッサーを使い、最大音量を制限する。最大音量を -6dB に制限したい場合、スレッショルドを -6dB、量を∞（最大）にすると、-6dB を超える音は -6dB に制限される。

●エキスパンダー

コンプレッサーと逆に、音の大きくなり方を激しくして音量を拡大するのがエキスパンダー。小さな音をより小さくする。

▼グラフィックダイナミックス※例

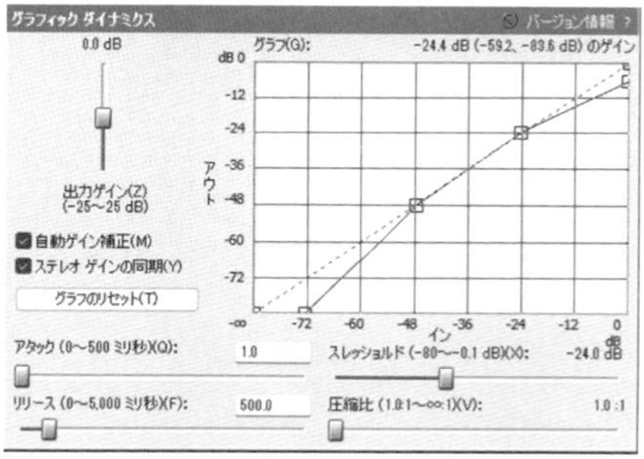

※グラフィックダイナミックスはコンプレッサーとエキスパンダーを兼ねる。

例では、-24dB より上はコンプレッサー、-48dB より下はエキスパンダーとして設定。大きな音は変えずに小さな音だけを自然により小さくし、ノイズなどを除いている。

・**グラフ**：インの信号が、アウト側の大きさになる。-24dB は -24dB に、0dB は約 -6dB に -72dB は -∞（無限小）になる。

・**コンプレッサー**部分は、24dB より大きな音は小さく圧縮され、最大 -6dB までに制限されるが、自動ゲイン補正が ON になっているので全体音量を 6dB 分上げる。

・**エキスパンダー**部分は、-48dB 以下を -72dB で -∞（無限小）になるように下げる。

●ノイズゲート

スレッショルド以下を -∞（無限小）に削除する。音やセリフがない部分を無音にできるが、ノイズ途切れが不自然にもなる。

POINT

音の大きさを加工するのが、コンプレッサーやエキスパンダーのエフェクト。これらを組み合わせ、同録時のノイズも低減できる。それでも足りない場合は、ノイズ低減機能を持ったソフトを使う。

コツB

ノイズを低減する

同時録音などでノイズを減らしたいとき、リテイクやアフレコで収録し直すのが一番よいが、それができない場合、**スペクトラムアナライザー**と**イコライザー**を使ってノイズを除去し、セリフを聴きやすくしよう。

STEP①ノイズのみの部分をループ再生する。

STEP②スペクトラムアナライザーで周波数成分を表示させ、それを見ながらグラフィックイコライザーなどで山がある周波数部分を下げ、できるだけ平坦にする。

STEP③セリフのある部分を再生して、ノイズが抑制されていることを確認する。

STEP④不具合があれば①から繰り返し、それでも足りなければ、次の⑤〜⑦を試す。

STEP⑤声以外の周波数成分を減らす。人の声の周波数成分は、80Hz から 1~ 数 kHz 程度（男女で異なる。TAKE41・44）。その上下の音を下げる。

STEP⑥環境音を足してみて、ノイズが気になるか確かめる（TAKE25）。

STEP⑦さらに必要ならノイズ除去ソフトなどを使う。

●ノイズ除去ソフト

ノイズ除去機能のあるプラグインや音声編集ソフトもある。ただし、ノイズを取り除く量が大きくなるほど音質は悪くなり、人の声は不自然になる。環境音やイコライジングを併用して、不自然さを補うことを考えよう。

- **Audacity**：フリーの音声編集ソフト。ノイズだけの部分を記憶させ、必要な部分でそのノイズを除去する機能がある。
- **SoundSoap**：古くからあるノイズ除去プラグイン。Audacity と同じようにノイズを記憶させ、それを取り除く。取り除く量や残す音を調整できる。
- **SpectraLayers**：音をグラフィカルなスペクトラムで表示させ、その画像を操作することで不要音を取り除ける。操作には慣れが必要。
- **［Premiere Pro内］エッセンシャルサウンド/クロマノイズ除去**：量を指定して、自動で除去。
- **［DaVinci Resolve内］Noise Reduction**：Fairlight ページのミキサーのエフェクト。ノイズを検出させ量を細かく調整できる。

ワンモアアドバイス

物語るためのエフェクトを使いこなそう

MAでは、エフェクトの知識が重要になる。例えば、人は部屋の広さや洞窟の深さや大広間の広がりなどを、音の残響で感じている。静かな地下駐車場で大声で会話しているのに、残響がないと不自然に感じる。リバーブの出番だ。ただし、逆に元の音から残響を消すことは難しい。また効果音や音楽の周波数成分が、人声の周波数と重なると聞こえにくい。小さな音は、低音と高音が聴こえづらい。エフェクターを使い、その物語の空間を作り出す考え方が大切だ。

TAKE 46 レンダリングで動画ファイルを作る

（参考画像：VEGAS Pro）

コツ

レンダリングで書き出す

ほとんどの編集ソフトでは、**レンダリング**（デリバリー、レンダー、書き出し）の際に、ネット配信用やディスク作成用などの推奨設定の**プリセット**を選べる。だが動画ファイルの大きさなど、さまざまな**設定**を変更したい場合もある。これらの設定について説明する。

●ビデオ設定（画像①）

・ビデオ（オーディオ）を含む：動画に映像と音声を含むかどうか。映像のみ、音声のみのファイルを作れる。

※ディスク（BD,DVD）のオーサリングソフトなどでは、映像と音声を別々のファイルで指定できるものがある。

・フレームサイズ：映像の解像度。SD,HD,FHD,4K など。

・プロフィール：映像の品質。

・フレームレート：1秒間のコマ数。

・フィールド順序：インターレース映像時に、奇数・偶数フィールド（1コマを2つに分けたもの）どちらを先に表示させるか。プログレッシブ映像では意味はない。

・ピクセルアスペクト比：1ピクセルの縦横比。DVD の SD 解像度や低解像度 HD などで、ワイドスクリーンやシネスコ映像を解像度に収めるために使う。

・参照フレーム数：圧縮時に参照するフレーム数。※コーディック次第でパラメータが違う。

・一定ビットレート（CBR）：秒あたり固定で何ビット（bps）の映像にするか。

※Kbps, Mbps 単位のこともある。

▼ビデオ設定の例（画像①）

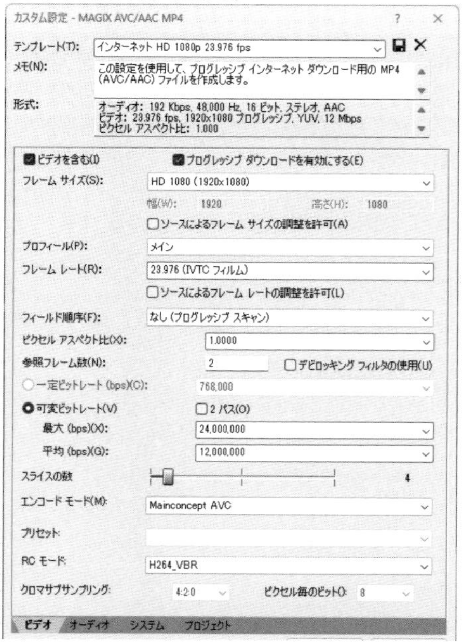

・可変ビットレート（VBR）：秒あたり可変で何ビット（bps）の映像にするか。映像を解析して、その部分を高～低ビットレートに調整する。最大値、平均値などを指定する。

・スライス数：H264 などのコーディックで1コマをいくつに分割して処理するか。

※ほぼデフォルトのままでよい。

・エンコードモード：グラフィックボードなどの **GPU**（グラフィックスプロセッシングユニット）を使えるなら、それでエンコード（圧縮）するかどうか。

※GPUでレンダリングすると、スピードが上がる。ただし、GPU ハードウエアとコーディックとの相性などもあるので確認を。

POINT レンダリングは、編集の最後に再生用の動画ファイルを作る工程だ。ここでは、一般的なレンダリングで出てくるパラメーターを解説する。指定方法は、編集ソフトごとに異なる。

▼オーディオ設定の例（画像②）

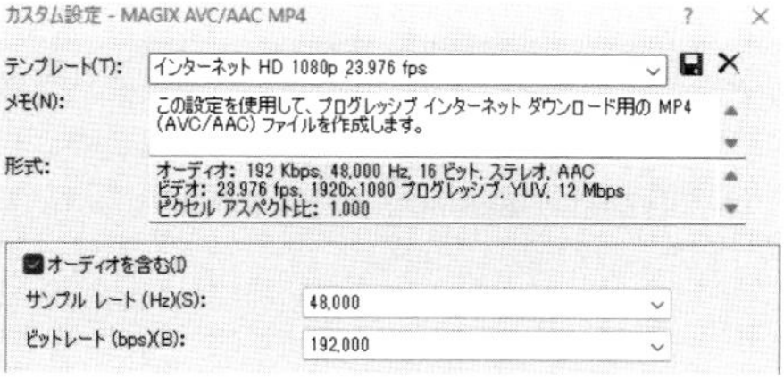

▼システム設定の例（画像③）

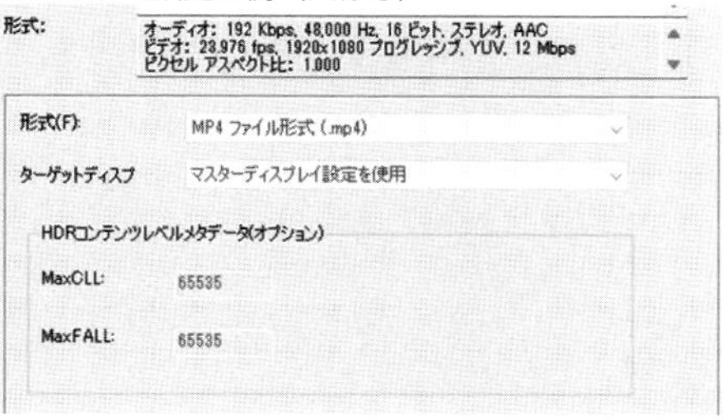

▼プロジェクト設定の例（画像④）

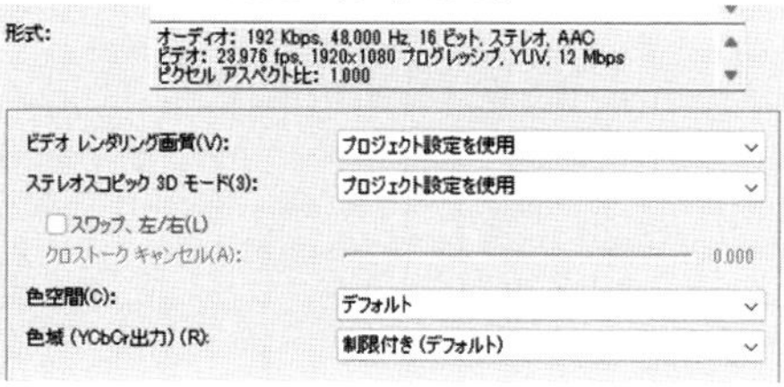

●オーディオ設定（TAKE42）（画像②）

・サンプルレート：音声のサンプリング周波数。代表的なものを選択できることも多い。※動画の場合 48kHz が多い。

・ビットレート：音声のビットレート。代表的なものを選択できることも多い。映像のビットレートと足して、動画全体のビットレートになる。※高いと高音質・高画質になるが、再生機器が対応できない場合もある。※動画の形式によっては音声のコーディック（AAC,WAV,MP3など）を指定できる。

●システムの設定（画像③）

・形式：ファイル形式、つまりコンテナを指定する。.mp4 .avi .mov .mt2 など。

●プロジェクトの設定（画像④）

レンダリングする画質や3D動画の方式、**色空間（色域）**の選択や制限などを指定する。

●そのほかの設定

・レンダリング時に、**ラウドネス**の目標値を指定して補正できるものもある。

・**配信サイト**（Youtube, Vimeo など）へのアップロードや、ディスク（BD, DVDなど）への書き込みを指定できるものもある。

ワンモアアドバイス

レンダリングのトライ&エラー

レンダリング時にトラブルはつきものだ。完成動画は必ずチェックしよう。また、慣れていない環境で再生する場合、再生可能かどうかテストしよう。例えば、劇場ではそこのシステムでテスト上映をした方がよいし、配布用DVDやBDを作る場合も、PCのドライブではなく家庭用のプレイヤーで再生できるかどうかを確認する。また、画質や音質を上げたい場合、短い部分で色々な設定でレンダリングし、見比べて最終的な設定を決めるのもよい。

納品形式を最終確認 完成パッケージ(完パケ)

コツA

完成動画ファイルを確認する

納品先に引き渡すものを、**完パケ**と言う。動画ファイルなどの上映素材はもちろん、今後の修正・改定のためのデータも引き渡す必要がある。配信時には、サイトの動画フォーマットの形式や音量、容量に合わせる。

●納品先と齟齬がないように

完パケでは、**内容や動画の形式**で納品先と齟齬がないようにしなければならない。OSでのファイルのプロパティや専用ソフト、動画編集ソフトなどで確認しておこう。フリーソフトでは、MediaInfo や VLC media player などで確認できる。

●音声の確認 (TAKE42・46)

・レベルとラウドネス

最大レベルが大きいと劇場の機器を傷めることがあるので、注意しよう。またラウドネスも指示通りかチェックしよう。

・音声コーディック

MP3,AAC,AC-3,PCM などのコーディック。再生側で対応していないと再生できなくなる。

▼動画サイトの配信例(イメージ)

映画『華の季節』予告編　監督/片岡れいこ

●映像の確認 (TAKE06・31・46)

・解像度

SD, HD, FHD, 4K, 8K など。劇場での大画面での上映では、FHD(1920×1080)以上は欲しい。家庭用は、SD(640×360), DVDのSD(720×480)などが現在でも使われている。ブルーレイでは、HD や FHD になる

・画面比率(アスペクト比)

古い 4:3 や 16:9、シネスコ(代表的なのは 2.35:1)など。解像度とピクセル比で、縦横のサイズの比率が決まる。DVDではSD(4:3)(720×480/ピクセル比 0.9091)、ワイド(16:9)(ピクセル比1.2121)が使われる。横幅の広い画面を16:9や4:3の画面に圧縮して収めるものをスクイーズ、画面の上下に黒帯を入れて横幅の広い画面を作るものをレターボックス(LB)という。

・フレームレート(コマ数)とプログレッシブ(p)/インターレース(i)

60i, 24p, 30p など、家庭用途であれば 23.976fps もある。映画館でのプロジェクターでは 24fps にしておこう。また再生機器によっては、今でもインターレース映像を求められることがある。

・色空間・色域・ブロードキャストカラー

目標の再生機器で再現できるかどうか。また古い再生機器では、ブロードキャストカラーの制限が必要な場合もある。

・映像コーディック

H.264, H.265, ProRes, YUV などの圧縮を行う映像コーディック。再生側で対応していないと再生できなくなる。

POINT いよいよ映画を仕上げて納品だ。完成パッケージと呼ばれるパッケージを引き渡すことになる。上映や配信ができるものや今後必要になるものを引き渡す。

コツB

上映用メディアを作ろう

上映用素材は、テスト上映をしよう。また、異なる種類のバックアップも用意しよう。

●DCP（デジタルシネマパッケージ）

映画館での**上映用メディア**。物理的には、USB メモリや USB 接続の HDD, SSD などを使用。中にDCPのフォーマットを作る。劇場のデジタルシネマ・サーバーにデータを移動させて上映する。

・**仕様**：映像は、ひとコマごとに JPEG2000形式の静止画で保存。解像度は、FHD, 2K,4K, 8K など。フレームレートは、24fps（23.976fpsではない）。音声は、PCM の 24bit で 48Khzか96Khz。字幕データも可能だがフォントなどの問題に注意が必要。容量は、2 時間で250GB 以下程度。

・**作成方法**：Adobe Premiere Pro や DaVinci Resolve Studio などにはDCP作成機能がある。フリーソフトのOpen DCPやDCP-o-maticなどでも。また、業者に数万〜数十万で作成依頼もできる。

●ブルーレイ（BD,Blu-ray Disc）・DVD

ブルーレイの画質なら劇場上映もこなせる。

・**オーサリング**：ディスクに動画ファイルを書き込んだだけでは、ディスクプレイヤーで再生できない。ファイル形式やフォルダ構造を整え、**ビデオディスク**を作るオーサリング作業が必要だ。一部の編集ソフトには、ディスク書き込み機能がある。市販のオーサリングソフトで作成もできる。

・**ビットレート**：録画時間と画質が決まる。年々規格が拡張され、高ビットレート可能に。

・**ブルーレイ（BDMVフォーマット）**：片面1層では 25GB、最大ビットレート 54Mbps（内映像 40Mbps）、解像度1920×1080,1440×1080, 720×480 / 24p, 23.976p, 59.94i、映像 MPEG-2, H.264/MPEG-4、音声 PCM, AC-3, DTS など。

・**DVD（DVD-Video フォーマット）**：片面 1 層では4.7GB、最大ビットレート10.08Mbps（内映像9.8Mbps）、解像度720×480 / 29.97p,23.976p,24p, 60i等、映像MPEG-2、音声PCM, AC-3, DTS など。

・**大量に作る場合**は原版ディスクを作り、作成業者に発注する。必要ならケースや、ジャケット、パッケージ内容物、JAN など商品コードも用意。

ワンモアアドバイス

完成動画以外のデータはどうする？

一度完成しても、のちのち各国の法的理由そのほかで細部のカットの入れ替えや、前後にタイトルなどを追加したり、短縮版作成などの作業が発生することがある。また、他の言語への吹き替えや文字情報の変更、字幕の追加もあり得る。できるだけ、編集時のデータをすべて引き渡そう。またタイトルは、トラックが整理されていれば変えやすい。音声も、トラックが整理されてセリフ抜きで効果音・音楽のみのものがすぐに作成できるとよい。

TAKE 48 観客を呼び込む魅力的な予告編を作る

コツA

ネタバレを避けて予告編を構成する

映画の宣伝では、ネタバレ（映画の本質的なテーマが鑑賞前にバレること）を避けつつ、魅力を伝えて観たくさせなくてはならない。

●映画の構成

映画全体の構成をおさらいしよう。(TAKE08)

START
第一幕 ▶変化前の日常（テーゼ）
1TP
第二幕前半 ▶良く楽しい変化（アンチテーゼの陽）
MP
第二幕後半 ▶悪い部分・問題点（アンチテーゼの陰）
2TP
第三幕 ▶新しい認識・世界・結果（ジンテーゼ）
END

①映画前半：ポスター部分
観客は、この部分に触れて冒険の続きを観たくなる（表向きの物語）。

②映画後半：真のテーマ部分
観客は、映画の本当のメッセージを受け取る。

●ポスター部分の活用

映画の構成のうち、②は映画で本当に伝えたいテーマやメッセージ部分だ。①は②を観たくさせるためのパートなので、予告編で使っても問題を起こさない。これを、**ポスター部分**という。**1TP**での日常からの挑戦の始まりや、**MP**での幻の勝利部分を含む。この変化は劇的なので、予告編に見応えを与えてくれる。

●ポスター部分以外の活用

クライマックス周辺は、インパクトのある画が多いので使いたくなる。本質のテーマを見せなければ、利用可能だ。物語［**Xa→Xb**］で、［**Xa**］［**Xb**］の変化がテーマを物語るので、TAKE14の省略の方法を逆に使い、［**Xb**］の結果を隠す。**第二幕後半**やクライマックスなどから数カットを、展開が分からないように使うことは多い。

●観客の推理力にも注意

観客は、［**Xa**］や途中経過の［**→**］部分だけで［**Xb**］を推理することが可能だ。使用する部分は慎重に削ろう。予告編の最後、**MP**の幻の勝利からの展開を感じさせることで謎かけをする方法があるが、予感だけに止め、観客が先を推測できないよう慎重に。

Information

◆印象的なキーイメージを用いた予告編

『野生の証明』（'78 日）：最初にキーパーソンの少女が暗闇でこちらを見る顔だけを使い、主人公に対する彼女の「お父さん怖いよ、来るよ、お父さんを殺しに来るよ」というナレーションをかぶせ、**それだけで強い印象**を残した。主人公の顔は、じらして登場させた（もっとも、予告編でラストシーンを使いすぎたせいで、本編を見たときに食べ足りない気分にもなった）。

『七人の侍』（'54 日）：7人の、丸と三角の旗の由来を笑いのシーンで示し、緊張が高まる部分を経て、最後を暴風雨ではためくその旗で締めくくる。**まとまりと見たくなる不安を両立**させた。

『生きる』（'52日）：**本編にない**、空のブランコが揺れている映像を、キーになるイメージとして使っている。

『未知との遭遇』（'77 米）：**本編にない**、夜の荒野の丘に向かう一本道の遠くに、光る何かがあり、そこにだんだん近づいていくイメージを使っていた。

POINT 魅力的で、観客が本編を観たくなるような予告編は、おいしい部分を見せつつネタバレにならないような構成で作る。この矛盾した要求に応えるための秘訣がある。

コツB
魅力的な予告編のテクニック

●尺と版
映画館での予告編の長さは、**2分前後**のことが多い。長めだと、3分や5分程度も。TVでの紹介用は、60秒や30秒、15秒など。予告編の編集は、版が多くなりやすいので**バージョンとブランチ管理**（TAKE28）が便利だ。

●最初のカット、最初の音
最初の映像と音は大事だ。観客は、見聞きする準備ができており、どんなネタでも効きやすい。**最初に何が聴こえる？ 何が見える？**

●主要登場人物のアップを使う
最初に顔のアップがある人物が主人公、というセオリーは、本編同様予告編でも使える。最初に使う以外にも、じらした後に**決め**の「見栄を切る」のに使う、**最後**に主人公の不安を感じさせるアップで終わる、などの方法がある。

●不安を使う
予告編でも、**不安は物語をけん引する**。幸福から不安に変化する場面を見せることで、本編への興味を生む。

●黒味を使い想像を誘う
観客に想像させると、興味を強く惹く。初めて見る観客には、**謎の世界観**の短いカットを**カットイン**で使い、観客がもう少し見たいと思う部分で**フェードアウト**し、**黒画面でじらす**。これを繰り返す。

●文字情報を使う
映像を見せないで、暗い映画館で**黒バックに文字のみ**が浮かび上がる手法もよく使われる。言葉の選択だけでなく、文字を出すタイミングや文字色、エフェクトにも工夫がある。言葉を使い演出するイメージだ。

●あるシーンをまるごとベースにする
何かしらのシーンを**ベース**にして、そこに謎かけの短いカットのチラ見せや、人物のアップなどを散りばめる構成をすると、まとまりのある予告編を作りやすい。

●キーになるイメージで構成する
予告編のまとまりを作るのに、**キーになるイメージ**で構成する方法がある。これには本編映像を使う方法と、予告編用に映像を作る2つの方法がある。（Information）

ワンモアアドバイス

本編に劣らず傑作となった予告編たち
『エイリアン2』（'86米）のある予告編は、文字もセリフも使わず、音楽と本編映像の短いカット→最初の興味を引くフックから、追いつめられる不安と盛り上がり、最後の「どうなるの？」という興味の持続まですべて、イメージの断片のコラージュで作り出した。『時計じかけのオレンジ』（'77米）では、本編の重要なシーンを数コマずつに分解して、ポスターの絵と文字タイトルを混ぜて構成し直した実験映画的手法で、作品のイメージを鮮やかに伝えた。

あとがき

この本を手に取っていただき、ありがとうございます。とうとうシリーズ3冊目になりました。『映画制作の教科書』『映画脚本の教科書』の前2冊で多くの反響をいただき、編集もこの方向でとのお勧めも。とはいえ、編集の分野は強敵で、またも「なんとおこがましい…」と悩んだのですが、今度は高校生の頃、初めて映画を作り始めた自分が現れました。あの頃、見よう見まねで8㎜フィルムと格闘してたアイツには伝えといた方がよいことがいろいろあるな。よし、また勇気出してやろう！ ――これが、この本に取り掛かる**ファーストターニングポイント**でした。

映画の作り方に正解はない。特に編集はその現場を知る人が少ないせいか、定石や型がとらえにくい分野です。初めて編集をする人は、昔の私と同じく何気ない1分のシーンを60カットに分けようとしたり、シーンややりとりで構成やじらしを考えないために退屈にしてしまったり、ちょっとしたことを知らないばかりに回り道をしがちです。そんな回り道をしなくていいよう、そのヒントになるためにこの本があります。知恵と経験を積んでさらなる世界へ。

守破離。**守**って（学んでみて）→**破**って（新しい工夫をして）→**離**れる（学びから自由になる）。**もし疑問があれば素晴らしい！ あなたの考えを試して、あなたの映画を！ 世界はそれを待ってます**。

物語とは、人が世界を理解する方法です。本シリーズは物語る方法がテーマ。実はまだ語っていない分野もあるのですが、それはまたの機会に。

「後悔のない人生なんてあるものか。だからこそ、このためならと思うことを」（不詳）**「その道に入らんと思う心こそ我身ながらの師匠なりけれ」**（千利休）

手元にスマホがある？ なら編集アプリを入れて、あなたの日常を編集してみよう。好きな映画を音を消して観てみよう。そこには新しい世界が。

衣笠 竜屯

撮影現場の集合写真と、試写上映風景『あはらまどかの静かな怒り』('22) 監督／衣笠竜屯

撮影風景（京都府亀岡市藤田邸）『ドッペルゲンガー』［48HFP 映画祭 '23 東京大会 / ニコラ&港館チーム］

参考文献

『SAVE THE CAT の逆襲 書くことをあきらめないための脚本術』ブレイク・スナイダー著 廣木明子訳
『SAVE THE CAT の法則 本当に売れる脚本術』ブレイク・スナイダー著 菊池淳子訳
『映画を書くためにあなたがしなくてはならないこと シド・フィールドの脚本術』シド・フィールド著 安藤紘平, 加藤正人訳
『定本 映画術 ヒッチコック・トリュフォー』フランソワ・トリュフォー, アルフレッド・ヒッチコック著 山田宏一, 蓮實重彦訳
『図解 映像編集の秘訣―映画とテレビ番組、コマーシャルから学ぶ映像テクニックのすべて』日本映画・テレビ編集協会 編
『図解 映像編集の秘訣２』日本映画・テレビ編集協会 編

協力

［俳優］mayu　西村 花音　片山 瑞貴　栗田 ゆうき　樋渡 あずな　西出 明　辻岡 正人　松本 杏海
白澤 康弘　舛本 昌幸　藍 海斗　真里乃
［コラム執筆］西田 宣善　松本 大樹
［編集協力］川村 正英　戸田 光啓
［撮影協力］藤田 祐司　Florent Ino

この本の出版に協力してくださった皆様に心から感謝申し上げます。関係団体の方々、体験談を執筆していただいた映画関係者の皆様、日本コンピュータ専門学校の方々と CG 映像制作コース2018〜20年度の生徒たち、衣笠竜屯映像演技ワークショップの生徒たち、そして本書を形にしていただいた編集スタッフ及びメイツユニバーサルコンテンツの編集者の方々、新作『神戸〜都市が囁く夢〜』『あはらまどかの静かな怒り』の仲間たちとその折々の仲間たち、いつも見守っていてくださる皆様、SNS で「編集でおすすめの映画は？」との質問にお答えいただいた皆様。ありがとうございます。

衣笠 竜屯

＊監修者の WEB ページ「映画制作の教科書シリーズ」http://filmmakebook.minatokan.com →
＊監修者の YouTube チャンネル
「映画作ろう！」映画作りを応援する情報満載！ → https://00m.in/AvXDC
「映画観よう！」映画オンライン観賞会！ → https://00m.in/VeoPe

スタッフ紹介

＊監修・執筆　**衣笠 竜屯**（きぬがさりゅうとん）

1989 年設立の映画制作サークル「神戸活動写真倶楽部 港館」で 30 年間、学生・社会人などの、映画を初めて作る人々を指導し、多くの作家を育てる。

16 歳から映画を作り続けるかたわら、プログラマーとして勤務したのち、コンシューマーゲーム企画開発なども行う。

・2012 年～2013 年 社会人向け映画制作講座「日曜は映画監督」講師
・2018年～2020 年 学校法人瓶井学園日本コンピュータ専門学校 CG 映像制作コース 講師
・芸能事務所プロジェクト・コア 講師
・衣笠竜屯映像演技ワークショップ講師

▼監督作品
・2009年 明石 CATV 短編映画『草の時、風の場所』
・2015年『シナモンの最初の魔法』DVDレンタル中
・2015年 短編映画『第六感』ミニシアター興行上映
・2015年『クラブのジャック~やすらぎの銃弾』公開
・2021年『神戸 ～都市がささやく夢～』(元町映画館10周年記念オムニバス映画「きょう、映画館に行かない？」収録)
・2022年『神戸～都市が囁く夢～（長編版）』公開
・2023 年『あはらまどかの静かな怒り』公開予定

▼監修書籍（メイツ出版より）
・2020 年『映画制作の教科書 プロが教える60のコツ～企画・撮影・編集・上映～』
・2022 年『映画脚本の教科書 プロが教えるシナリオのコツ心得・法則・アイデア・分析』

＊企画・イラスト・デザイン・編集　**片岡 れいこ**

映画監督、俳優、クリエイター、占い師、版画家。京都市立芸術大学卒業後、広告代理店勤務を経て独立。書籍の執筆や編集を手がける。近年、自身の目標であった映画制作にたどり着き、監督として活動中。代表作『人形の家』『ネペンテスの森』『華の季節』。

▼著書（メイツ出版より）
・『カナダへ行きたい！』
・『イギリスへ行きたい！』
・『イラストガイドブック 京都はんなり散歩』
・『トルコイラストガイドブック 世界遺産と文明の十字路を巡る旅』
・『乙女のロンドン かわいい雑貨、カフェ、スイーツをめぐる旅』
・『北海道体験ファームまるわかりガイド』
・『幸せに導くタロットぬり絵 神秘と癒しのアートワーク』
・『人間関係を占う癒しのタロット 解決へ導くカウンセリング術』
・『4大デッキで紐解くタロットリーディング事典 78 枚のカードのすべてがわかる』
・『京都 レトロモダン建物めぐり』
・『京都 パンで巡るおいしい古民家』

＊編集
小橋 昭彦
松本 大樹
板垣 弘子

＊イラスト協力
服部 真呼

映画編集の教科書 プロが教えるポストプロダクション
構成・演出・効果・音

2023年8月25日　第 1 版・第 1 刷発行

監修者　衣笠 竜屯（きぬがさ りゅうとん）
発行者　株式会社メイツユニバーサルコンテンツ
　　　　代表者　大羽 孝志
　　　　〒102-0093　東京都千代田区平河町一丁目1-8
印　刷　株式会社暁印刷

●定価はカバーに表示してあります。
©片岡れいこ,2023.ISBN978-4-7804-2814-8 C2074 Printed in Japan.

ご意見・ご感想はホームページから承っております
ウェブサイト　https://www.mates-publishing.co.jp/

企画担当：堀明 研斗